精准营销系列

U1018128

当场成交
口才篇

苗小刚　著

一分钟读懂销售口才规律，实现精准营销的必读书

- 了解销售语言特点
- 掌握销售语言规律
- 运用销售口才技巧
- 提升销售话术水平

WUHAN UNIVERSITY PRESS
武汉大学出版社

图书在版编目(CIP)数据

当场成交．口才篇/苗小刚著．—武汉：武汉大学出版社，2014.9
(精准营销系列)
ISBN 978-7-307-13417-1

Ⅰ．当…　Ⅱ．苗…　Ⅲ．市场营销学—口才学　Ⅳ．F713.50

中国版本图书馆 CIP 数据核字(2014)第 107258 号

责任编辑：唐　伟　　责任校对：鄢春梅　　版式设计：马　佳

出版发行：**武汉大学出版社**　(430072　武昌　珞珈山)
(电子邮件：cbs22@whu.edu.cn　网址：www.wdp.com.cn)
印刷：武汉中远印务有限公司
开本：720×1000　1/16　印张：13.25　字数：206 千字　插页：1
版次：2014 年 9 月第 1 版　2014 年 9 月第 1 次印刷
ISBN 978-7-307-13417-1　定价：33.80 元

前　言

销售是一门以“嘴”为基础的技术活，“买卖不成话不到，话语一到卖三俏”。优秀的销售人员一定拥有出色的口才，因为只有拥有出色的口才，才能最大限度地展现自己，让客户感受到产品和服务的魅力。为此，我无论走到哪里，面对什么样的人，都多次强调：作为销售员可以什么都不会，但就是不能不会说话。不会说话，就注定你无法成为一个优秀的销售员。

说话，贯穿于整个销售活动，不论是售前预约客户，还是售中与客户谈判，甚至售后回款、服务环节，每一个环节都离不开说话。

曾经有个上海客户买我们的产品，但仅仅要三个，而且还要求量身定做。理论上，无论订单大小都应该一视同仁，但由于涉及制作成本、工期安排等因素，很多时候都要先让着大订单。实际上，我们也是刚刚通宵达旦、加班加点地在赶一个大订单，当然没法去做三个灯箱的“迷你”订单。但又不能因为人家单子小就拒绝做，于是我这样对他说：“左先生，我建议直接拿我们的常规货，你也明白如果是订做，我们要重新开料，重新设计电路板，重新印导光板，等等，这样既耽误时间，也会增加你的成本……”这样一来，客户也就同意了。

我没跟客户说实话，但上面的话也确实不是撒谎，只是换了种说法而已，如果直接拒绝，或者先摆一堆困难出来，再诉说自己的不便之处，效果就完全不一样了。对于客户来讲，人家可不管你公司怎么样，只关心你能否提供满意的产品和服务而已。甚至还会让对方误会你嫌他单子小，这样的事情同事们遇到过很多回，客户都误会了！

以上案例纯属个人经验，有人把“会说话”称为口才好，顾名思义说话是一种能力，既然是能力，就可以通过后天努力训练出来。为此，对于这个经验的得来，我有必要说说。当初在理财公司我们怎么训练的？在台上找个人当客户，台下一堆人在看，这个“客户”可不好说话，极尽其能事为难你，完了之后台下的人也不会客气，几乎都会毫不掩饰地说出产品的不足之处、你的弱点，面对一群人的围追堵截，最终只有成功突围的人才能过关。

经过这样的训练能训练不出来吗？我相信，只要有过这样魔鬼训练的人，面对任何客户都能心平气和，不管客户如何刁难，都能巧妙化解。

在这样的环境下，你的语言会非常精练、非常有层次，任何一句话都是经过大脑设计好的，说上一句，就设想到下一句。在训练中任何情况都遇到过了，真遇到这样的客户也不会措手不及，况且一般的客户远没有那么难缠。

在销售行业中语言的特殊性体现在，在每个阶段都有其特定的特点。这就要求销售人员在实际工作中说话要有独创性，不能机械地照搬他人的经验。在充分掌握销售语言规律和语言技巧的基础上，根据不同的销售情景、不同的销售阶段，随机应变，灵活把握。

本书以此为出发点，分为十大章，分别从预约、拜访、沟通、产品推介、化解异议、谈判、成交、回款、售后服务，以及销售过程中应注意的说话事项等十个方面入手，详细而科学地论述销售人员在每一个环节中需要掌握的语言技巧、语言特点及应对方法。

本书本着实用性原则，对销售工作中最常见的口才问题，结合实际情景或案例，为即将进入或正奋斗在销售行业的朋友提供了切实可行的方法，希望可以帮助你提高说话的水平，进而提高销售业绩，成为一名优秀的销售人员。

本书结构清晰，脉络分明，语言通俗化。精心编选案例，可读性、指导性超强。语言力求精练，分析入木三分，方法切实可用。在力求系统性、全面性的同时，又本着简单化、便捷化原则进行撰写，让每一位读者在繁忙的工作之余，只需花费很少的时间，就可以读完一章，学到有关知识。

由于作者时间、认识、知识面的局限性，书中难免出现失误和疏漏，还望读者朋友批评、指正。

目录 CONTENTS

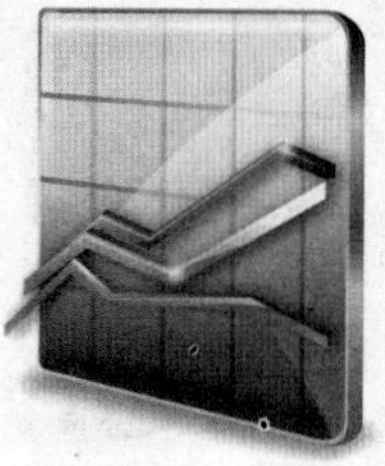

电话预约，预约语裹着糖衣说

电话预约客户是销售的第一环节，能否成功预约将直接影响到接下来的拜访、推销以及谈判的效果。一线通万金，在现代销售中通过电话与客户初步沟通已经是一个必不可少的内容。为此，必要的电话沟通技巧已经成为销售人员必须掌握的技能之一。

言语规范，体现出自己的职业性

一次去拜访老朋友，谈话间他接了个电话然后就愤愤不平地抱怨起来。老朋友长时间不见，本来很高兴，为什么忽然抱怨起来了呢？原来，他被一位保险推销员“咒”了一顿。我这位朋友姓史，那位推销员说话带有严重的方言，将“史”读为“死”：“史（死）先生，您好！我是……”

见朋友不说话，对方仍在不停地“史（死）”先生长、“史（死）”先生短地称呼着。朋友本想听他说什么，不得已之下，只得扔下一句：“别再喊了，有什么话以后再说吧！”说完就挂掉电话。

大清早，本来心情不错，没想到被一通电话影响了心情。一个“死先生”顿时让他心生怒火。一大清早就被人叫“死先生”，谁心里也不舒服，语言是人的第二张名片，在电话里尽管无法看清我们的外表，看到我们的面部表情、言行举止，但语言不规范、声音不圆润，也会影响到沟通的效果。然而，有的销售员忽略了这一点，一开口说话就让人觉得很假。

以身边的一些销售人员为例，他们在与客户通话时干瘪无力，毫无生气；还有的人由于紧张，开始结巴，连最基本的一句话都无法明确地表达出来。越紧张，语速越不协调，语调越紊乱，最终失去了深入沟通的机会。

电话语言是一门艺术，其中就包括语言的规范性，若想成为一名优秀的销售人员，首先必须规范用语。发音标准，吐字清晰，这些最基本的东西一定要过关，只有这样才能让客户听起来感到舒心。

规范的电话预约语包括哪些方面呢？通常来讲有四个方面：

1. 发音标准

销售人员在与客户沟通的时候，首先要确保对方能听清楚你在说什么。这就要求发音标准。就像例子中那位推销员，本身发音就不标准，当然很难做到吐字清晰。因此，销售人员在电话沟通时最基本的要求是会说普通话，发音要准确，吐字要清晰。

2. 语气流畅

语气也是影响通话质量的一个重要因素，它在一定程度上反映着说话者内心的变化。比如，内心紧张时语气就比较急促，平静时就比较舒缓，思维反应快的人语气流畅，思维反应慢的人语气就没有那么流畅。要想清楚地表达自己的想法，销售人员要在语气上有所控制，语气流畅可以很好地增加自信心，同时也能尽快获得客户的好感与信任。

3. 语速适中

语速太快或者太慢都会影响到声音的质量，语速过快可能令客户无法听明白你的意思，对方还没有反应过来，你已经说完了；反之，说得过慢，会给人留下一种拖泥带水的不良印象，如果对方是急性子，那可就更麻烦了。

一名优秀的销售人员在说话时应做到语速适中，一般控制在每分钟 60 ~

80 字。当然，这也没有严格的要求，可以根据客户的具体情况来调节自己的节奏，以做到有条不紊、恰到好处，从而取得良好的谈话效果。

4. 用词的准确性

言语的规范与否还体现在用词上，比如，称呼语、问候语，在赞美、拒绝对方的时候也必须注意。稍有不慎就有可能引起对方的反感，比如，你明知道对方是母女俩，如果称女儿为小姐，就不能再称其母亲为小姐了，而应该称其阿姨或女士。再比如，你得知对方是有一定身份的人，称其为老师或女士就要比小姐更有分量。接下来我们就来详细地了解一下打电话用词应遵循的原则，如下图所示。

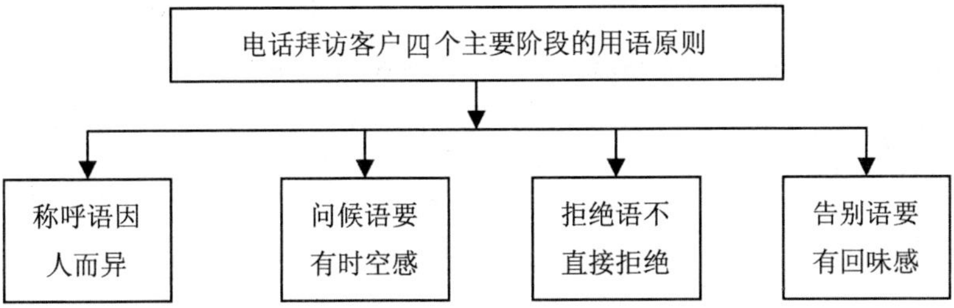

（1）称呼语

称呼语一般根据对方的性别、年龄、职业以及双方关系的亲近程度而定。比如，未婚、年轻的女性可以称为小姐，已婚的或者年龄偏大的女性称为夫人、太太；男性一般可称为先生；有明确职业的可称为同志、师傅、老师等；如果关系比较好可称为大哥、大姐等。

值得注意的是，在把握不准的情况下要灵活变通，一般对男士称先生，女士称小姐。

（2）问候语

在拨通电话的那一刻，简单的问候是必要的，比如，先生您好！早上好！中午好！晚上好！圣诞好！国庆好！中秋好！新年好！但是很多销售人员往往不会问候，或者只说句“先生/小姐你好！”一句话就没了。

这类语言需注意时空感，时空感不会让对方听起来感到单调、乏味。例如，中秋节如果向客人说一声“先生中秋好！”就强化了节日的气氛；“夫人，身体怎么样啊？”这样的问候便于话题深入下去。

（3）拒绝语

电话沟通中经常会遇到被拒绝的情景，在这种情况下用词需要更为谨慎，使用这类语言一般有两个要求：第一，一般应该先肯定，后否定。比如，您好，谢谢您的好意，不过，承蒙您的好意……第二，客气委婉，化被动为主动。以前在饭店就餐时，有位服务员介绍他们那里的特色菜，朋友不耐烦地问：“有没有炮弹？来一份！”服务员马上接过话来说：“有！有！我这里有泡盐蛋、泡皮蛋，给您来一份？”服务员回答得很妙。

（4）告别语

告别语，为通话结束后一种礼貌性语言，而有的销售人员通话之后匆匆挂掉，草草收场。这类语言一般要求做到声音响亮有余韵，以使道别语言余音袅袅不绝于耳，给客人留下美好的回忆。同时，配合点头或鞠躬（尽管看不到也要做）。

小贴士

在销售行业中，规范用语在很大程度上反映着一名销售人员的职业性。一个连普通话也不会讲的人肯定很难做好销售，因为一开始就给客户留下一个不够权威、不够专业的坏印象，接下来的谈话就很难取得对方的信任。

说话抑扬顿挫，增强声音的感染力

对于一名销售人员来讲，让声音富有感染力是一项基本功，比如，女士声音要甜美，男士声音要有磁性，语调抑扬顿挫，情感丰富、思维敏捷，等等，我们把这些总结为声音的感染力。

在与客户交流时，为了更充分地表达自己的思想和情感，声音必须具备极强的穿透力。以前，我总爱听收音机，那时非常迷恋一位主持人，听声音我断定他是那种西装革履、非常成熟、英俊硬朗的男人。即使后来一直没有机会见到这个人，依旧深深地爱着这个栏目。

多年前，我曾经给北京一家电信增值服务的企业做过培训，该企业有一种叫“彩话”的产品，主要有五大功能：分别为隐藏电话号码功能；来电转移功能；长途优惠功能；语音留言功能；一卡多号功能。从产品的几大功能来看，的确有比较好的市场。而且该企业配备的人员也十分到位，为了推广这种业务，共招聘了300多名坐席代表，要求每个人每天必须打完300个电话。然而，实际情况是，一个月下来成交率还不到5%，与同行业其他企业有20%的差距。

产品好，人员多，为什么成交率会下降呢？问题出在坐席代表与客户的沟通上。我们来看一下这些坐席代表是怎么与客户沟通的：

坐席代表：“××先生/女士，您好！我是××公司的坐席代表，最近我们公司推出了一项新的电话业务，这项业务一共有五大功能。第一项功能是隐藏电话号码，第二项功能是来电转移……”就这样一直复述到第五项。结果可想而知，很多客户还没听完就直接挂掉电话。

例子中这些坐席代表之所以会有这样糟糕的结果，是因为他们在整个对话过程中都是机械地复述，声音没有任何感情色彩，没有任何感染力。只顾自己滔滔不绝地说个不停，而没有顾及客户的反应，这样必然使客户在谈话中很被动，没有机会参与到谈话中来。自己不被重视，自然就会挂机了。因此，在电话沟通过程中销售人员说话要学会用声音去吸引对方，尽量使自己的声音“站”起来。

“站”起来的声音似惊雷迅于闪电，瞬间划开长空，穿透耳膜。那么如何做，才能使自己的声音“站”起来呢？

1. 适时停顿

适时停顿是一种语言技巧，不仅可以使自己讲话层次分明、重点突出和具有说服力，还可以最大限度地吸引听者的注意力，引导他们主动参与到谈话中来。

有的销售人员在与客户沟通的时候，尽管也停顿了，但因为不合时机，所以效果并不明显。那么，在把握停顿的时机上是否有一定的技巧呢？当然有，那便是根据客户的反应来判断。比如，你在对客户讲话时，如果客户正听得津津有味，就继续说下去，如果对方若有所思，就应稍微停顿一下，等待对方做出反应。

2. 呼吸有序

一个真正具有感染力的声音要做到字正腔圆、气贯长虹。气在源源不断地供给，这是声音富有弹性、持久的主要原因，也正好应了“气为音之帅”的说法。而气是如何来的呢？源于人的呼吸方式，不同的呼吸方式决定了气息的长短、换气的速度和深度。所以，锻炼正确的呼吸方式是提高说话质量的重要方面。

在呼吸训练上，有几种常用的方法可供选择，比如，吹蜡烛训练法、狗喘气训练法、胸腹联合训练法，等等。这些方法简单易学，随时随地都可以练习。

3. 调整发音方式

一个人的声音（是否和谐悦耳）与发音方式也有关系，有的人声带厚而宽，发出来的声音就洪亮而浑厚；而有的人声带比较薄，说话的声音显然就小而尖。可见，这并不是不可改变的，只要发音方式正确就可以大大得到改观。销售人员由于职业要求应该强制自己改变发音，让自己的声音变得洪亮、浑厚。

说话时，只有上述三个方面配合得足够好，才会给客户留下深刻的第一印象。否则，即使你穿得再体面，一开口却吐字不清，阴阳怪气，无法清晰表达自己的想法，或者说话时情绪激动，仿佛是在和谁吵架，客户对你的印象马上就会大打折扣，认为你是缺乏文化与修养，办事马虎草率的人，甚至对你的能力产生怀疑。

小贴士

良好的表达，在某种程度上完全取决于人的发音、强调方法、语气顿挫、语调的变化。有的人一开口说话就让人觉得可信，愿意按照他所说的去做、去想。这便是声音的魅力，声音具有很强的号召力。

避免形式化，一个好开头更重要

很多销售人员在与客户通话时有这样的遭遇：还没来得及开口就遭到对方拒绝。为什么会这样？其原因就是缺乏一个好的开头，不少销售人员本来是在与客户沟通，却硬生生地搞成了缺乏感情、过于形式化的对话。

俗话说，好的开始就是成功的一半，与客户接触之初如果能用简单的几句话就深深地吸引住客户，那么往往会给他们留下良好的第一印象，使接下来的交谈氛围更为轻松愉快，更为融洽。

然而，很多销售人员都做不到这一点，在我的培训经历中，下面这样的人不在少数：

小张："李经理早上好！我是××公司的小张，很荣幸能够见到您。"

客户："你是……有什么事吗？"

小张："昨天下午我们预约过的，您不记得了吗！"

客户："不好意思，我刚刚想起来，你是××培训公司的咨询员小张。"

小张："是的，今天来就是告诉您一个好消息，我们公司正在举办一个……"

话还没说完，客户开始拒绝："我们公司每年都有定期的培训，每年还会送一批新人到外地学习，我看就没必要再接受培训了吧。"

小张："那效果怎么样呢？"

客户："效果很好。"

小张：“不如先试试我们的，我们可以为您提供更好的培训课程！”

他的话再次被客户打断：“好的，谢谢！你留个联系方式，有需要我会再联系你的。”

接下来的情况可想而知，客户不会给这位推销员打电话。因为他在这场推销中始终没有找到客户感兴趣的话题，更严重的是他一开始就谈论推销的事情，通常来讲客户最反感的就是这一点，陌生人之间本来就缺乏信任，急于求成的心理往往会引发客户潜意识里的自我保护心理。

那么，作为销售人员，在电话预约时如何说好第一句话呢？我总结了3种方式，简单有效，容易掌握：

1. 自我介绍法

一个成功的自我介绍，是成功地向客户展现自己、推销自己，初次拜访客户，向对方做自我介绍也是最常规的做法。可是很多销售人员却正好忽略了这一点。自我介绍的原则是简明扼要，一方面不能耽误客户太多的时间；另一方面又要让客户能在短时间内明白你拜访的目的。因此，话要说到点子上，点到为止，避免长篇大论，否则，还没说完就有可能被客户打断，甚至拒之门外。

2. 制造悬念法

制造悬念可以最大限度地引起客户的好奇心，因为大部分的谈话都是从好奇心开始的，只有激发起客户的好奇心，才有可能进一步使他产生与你交流的欲望。在正式展开交流之前，这一点非常重要，要巧设一定的悬念。

比如：“田经理您好，我是××公司的××，今天我特意拜访您是向您汇报一个重要事情！”这里的“重要事情”就是一个悬念。是什么重要的事情呢？对方肯定会想想，无形中已经为接下来的谈话埋下了伏笔。当客户问是什么事情的时候，便可顺水推舟地介绍产品。

3. 直接表露法

第一句话的重点不是向对方表露自己的身份，而是利用此机会向客户提供更多的产品信息。也就是说，一定要隐含着一些有价值的产品信息，这种信息对接能够起到抛砖引玉的作用。如果你只说些无关紧要的话，客户会认真地听下去吗？显而易见，客户根本不会关注这些。

比如，一位推销员是这样开场的："王经理您好，我是××公司的销售顾问××。您总是认为我们推销员是来给您添麻烦的，我可以肯定地告诉您，我的到来会为贵公司带来30%的利润。"这"30%的利润"就是最大的吸引点，无形中已经暗示接下来要谈论的话题。

有很多销售人员喜欢用"拍马屁"的方法，一张口就夸奖"张总真是爽快人啊"，"李女士真有气质啊"，等等。每个人都喜欢被赞美，但是也要分情况，一个素不相识或者只见过一次面的人大肆地夸奖你，你是什么感受。一开口就赞美明显是拍马屁，这种方法最好慎用。

销售人员在说第一句话时还有很多问题需要注意：

◎ 对于即将拜访的客户要尽可能地做到全面了解。

◎ 提前准备，对于谈话中一些敏感的、易起争辩的话要绝对避免。

◎ 在用词方面要用一些谦称和请教的词，这种方法会令客户接受起来更容易些。

这些方法在使用上还要仔细斟酌一番，不能盲目求新而忽略了客户的感受，什么时候该用什么方法要以客户为本，时时刻刻站在客户的角度想问题。一般来讲，可根据已掌握的情况进行分析后而定，比如，客户的性格，客户的喜好、说话风格等，进行有针对性的选择。比如，你已经了解到对方是一个性格直爽的人，就千万别用制造悬念法了，直接表露法更实用。

> 小贴士
>
> 预约客户主要赢在开头阶段，一开始说话就要引起对方的情感共鸣，销售人员在与客户见面初说的第一句话往往又叫寒暄语，这席话比较简短，也极具吸引力，对接下来整个活动的开展起着重要作用。

积极的措辞，让客户无法拒绝你

语言的魅力在于，不同的措辞能够传达不同的信息，对词汇的选择往往隐含了对客户的态度。很多销售人员或许经验不足，或许情绪紧张，或许是习惯问题，在与客户交流时，用词总是不够准确。尤其是在遭受客户拒绝时，显得非常不自信，表现得非常消极。比如，不经意间总是带有“可能”、“应该是”、“也许”等不确定性的词。总说这样的话，客户听了会怎么想，肯定会对你产生不信任感。

就拿我推销的理财产品来说吧，很多销售人员在与客户进行沟通时，一开始便向对方炫耀：“××先生、××小姐，我们公司研发了一种新的理财产品，可以百分百地提高您的盈利率。”而当客户反过来问句“真的可以百分百提高盈利率吗?”“我不相信，没有一个理财产品可以保证百分百的盈利”类似的话时，则开始不自信起来。“大概吧”，“可能吧”，“我个人认为”等一连串的含糊不清的字眼就冒出来。

遇到这种情况，我们来看一下有经验的销售人员是如何来说的：

“王先生您好，最近手中的股票盈利如何啊?”

“不太乐观，最近大盘正处于高位盘整阶段，买卖点很难抓住。”

“盈利超过10%了吗?”

“不到。”

“如果有一种理财工具能帮助您提高一倍盈利率，有兴趣了解一下吗?”

“什么工具?”

当谈话进行到这个份上时，自然可以展开具体的细节了，你可以明确地告诉客户是什么工具，或者预约相见时间，面对面地交流。

上述例子中，从前后两位销售人员的对话中可以看出用词的重要性，前者那些否定的字眼表明他自己对产品就没信心，自己都没信心如何来感染客户，如此一来，客户肯定会给你的产品下结论“没用”。其实每个人都知道任何一种投资理财的产品都不能保证百分百地盈利，但是有经验的销售人员就会换一种说法，尽量用一些积极的言辞去表达，使得客户无法拒绝。那么，在与客户沟通时，该如何来选择用词呢?

1. 选择具有积极、肯定意义的词语

为了得到客户的信任，在措辞上要十分讲究，尽量少用否定的、含糊不清的词语，比如，困难、复杂化、未经验证的、实验阶段的、麻烦的、有问题的，等等。相反，要多用有积极意义的措辞，在言谈中要表达出自信、坚定，以把自己积极的一面展示给对方。只有这样，才能在情感上引起对方的共鸣，从而打动对方的心，获得对方认可。

比如，双方预约见面，你迟到了，可能会说：“很抱歉让您久等了。”这是感谢对方等候常用的说法。但是我告诉你，这样说不合适，因为“抱歉、久等”实际上在潜意识中强化了对方“久等”这个感觉，理想的表达方式应该是这样的：“非常感谢您的耐心等待。”这个词是感谢客户的等待，就很好地回避了上述意思。

同样的道理，来看看下面这几句话的效果：

消极用语：我不能给您他的手机号码。
积极用语：您能否向他本人询问他的手机号?

消极用语：我不想给您错误的建议。
积极用语：我想给您正确的建议。

消极用语：您没有必要担心这次大修后又坏了。

积极用语：您这次大修后尽管放心使用！

2. 注意语序

假如客户在电话中告诉你：“我觉得你们的专长在营销咨询上，而不是人力资源管理咨询，我们需要人力资源管理咨询方面的专业公司。”针对客户的这种意见你可能会说：“我了解您的想法，我们虽然只有几次人力资源项目的经验，但我们丰富的管理咨询经验会帮助您实现贵公司的目标……”

这种解释对客户来说同样也是缺乏说服力的。如果能调整一下言语的次序，换种措辞，用积极的方式来表达的话，可能就是另一种效果了：“我了解您的想法，我们已经在人力资源管理咨询方面有过成功的项目经验，再加上我们在其他项目领域丰富的咨询经验，一定会帮助您实现贵公司的目标……”虽然只是在词语的顺序上有些不同而已，但正是语序这一细微的变化使客户的感觉变得不一样了。

3. 该如何用拒绝之词

当客户拒绝你时该如何来应答呢？这是有技巧的，一旦处理不当会影响到客户的需求。

比如，客户要的那种产品型号没货了，销售人员可能会直接回答：“那种型号的产品都卖完了。”这种回答相当于直接回绝了客户，而且没有任何回旋余地。如果换一种说法呢？比如委婉地回答：“由于需求旺盛，我们暂时没货了。”这种较为委婉的回答比前一种回答效果要好得多，不仅回答了客户提出的问题，而且无意中还给自己的产品做了宣传，意在告诉对方“我们的产品都到了供不应求的地步了”！

4. 避免过多的口头语

还有的销售人员在说话时总是在语言之间有意无意地掺杂一些杂音、杂词。比如，浓重的鼻音，开头时常用一个长长的唉叹声，杂词更多，比如，“自然啦”、“当然啦”、“坦白说”、“老实说”这类话语都很可能让你的客户感到厌烦，对谈话没有任何积极作用，好像每一句都要犹疑一阵才讲出，好像每句都怕别人没听清楚的样子，诸如此类的口头语要加以避免。

> 小贴士
>
> 说话的魅力不在于你有多么健谈，不在于你有多好的口才，而在于是否能够体现出自信，体现出积极的一面。销售人员在与客户沟通的时候，在用词的选择上要尽量少用否定的、消极的语句，多用肯定的、积极的语句。

及时回应，以防谈话中断冷了场

在约访客户时，销售人员常会遇到这样的情景：一番寒暄过后，忽然不知道该说些什么，当你没话可说时自然把对方晾在一边。话题中断，势必会冷场，这个时候有经验的销售人员往往会开动脑筋，迅速找到一个可以引起双方兴趣的共同话题，以此作为一种契机，打破僵局，让客户有话可说。

在谈话中，只有将谈话引到对方感兴趣的话题上，让对方占主导地位，我们才能够避免在人际交往中经常遇到的麻烦，并能使自己快速地赢得对方的信任，进入其交际圈。这是与素不相识的人交谈的唯一策略。当我们巧妙地选择好对方感兴趣的话题时，他会不由自主地乐意和我们交谈。

在与客户沟通之初，销售人员处于支配地位，要善于主动寻找话题。只有找到一个好的话题，才可能引导对方交流下去，这就像写文章一样，有了好题目，才会文思泉涌，下笔如飞。那么，什么是好话题呢？好话题的标准是什么呢？我认为，只要是双方熟悉的、感兴趣的，有利于展开深入探讨的话题都可以。关键是销售人员如何才能找到这样的好话题呢？

1. 多关注当天的新闻，了解国内外的社会热点、重大事件

谈论的话题应是大家熟知的，易引发对方兴趣的社会热点、重大事件等，

比如，时政、体育、美容、健身、赚钱、电视、汽车及购物等，这类话题基本上是大家都喜欢谈论的。而这些话题的来源又都是从大家接触比较多的网站、电视或者报纸上得来的。因此，你与客户谈论这些话题，会很快引起他们的兴趣。

韩国首尔有一家美容院，生意之兴隆可以说是当地之冠。有人好奇地去调查原因。“简单得很，”店主人说，“我每月都把各种报纸杂志买回来，规定每名职员在每天早上工作前一定要阅读，就像当日常功课一样。那样，他们自然会获得最新鲜的谈话材料了，也会大博顾客的欢心。”

2. 平时多积累语言素材

口才大师在做演讲时，我们随时都可以听到他们引用些名言警句、谚语，这些词语对谈话主题的表现有极强的渲染力。我们也不妨多积累些这样的词句，不易于理解的要记录下来多思考，久而久之你说话的题材、资料就越来越多，说起话来引经据典、条理清楚、出口成章。这些东西都运用到与客户的交谈中更显你的魅力。

语言素材的积累，对于丰富表达有很强的渲染作用，但在具体运用时应该注意以下几个问题：

◎ 正确领会意思，避免生搬硬套，张冠李戴，以免令人笑话，弄巧成拙。

◎ 引用受欢迎的名人、名家，当地有影响力的，或者有资格讲这话的人的话，少用“据权威人士”之类的用语。

◎ 引用原文，不要道听途说，以防以讹传讹。

3. 善于从客户本身挖掘话题

很多客户喜欢谈论自己，遇到这样的客户要学会巧妙地挖掘和利用，以当时、当地及客户本人的一些材料为主题，借此来引发交谈。比如，有人发现客户姓名很有意思，可以说：“您这个名字有什么含义吗？为什么会起这个名字?”有的人发现客户的家乡很有特色，也可以这样说：“你们老家有什么特产吗?”“有什么好玩的地方吗?”等等。

总之，要针对客户的兴趣展开谈话，对方是投资人，你可以和他谈谈基金、股票、房产之类的；若对方是老年人，你就可以谈饮食、养生之类的。

在交谈中，无论是对方的年龄、服饰、居室还是习惯等都可以引出一个话题，而且就地取材的话题灵活、自然，能引发由此及彼的联想，有利于双方及时展开交谈。但是这种交谈方式的前提是，要对客户有比较深入的了解，因此，比较适用于熟悉的客户。

4. 有些话题要谨慎

不管与客户谈论的是哪一类话题，都要先试探一下，在略有了解的基础上再有目的地进行，以便能更自如地交谈。因为，对方的家庭、年龄等都是十分敏感的话题，有的人喜欢谈，有的人则会避讳。

比如，谈论对方的家庭，在我国的传统观念中，每个人都特别注重“家”，一个良好的家庭对于每个人来说都有着非同一般的意义。如果称赞客户的家庭，夫妻恩爱，兄弟情深，一般来讲容易引起客户的情感共鸣，符合大部分人的心理需求。但是，如果对方的家庭不幸福呢？或者对方还没有组建家庭呢？这些特殊的情况都要考虑到。因此，对于这些有争议性的话题，销售人员要学会试探性地询问，循趣发问，以便能够顺利地进入话题。

为防止冷场，寻找话题的方法还有很多，像借事生题法、即景出题法等，都可以巧妙地从某事、某景或某种情感上引发一番争论，引出对方的话。俗话说：处处留心皆学问，关键在于销售人员要思维敏捷，善于思考，及时抓住。

小贴士

与客户交流时，为防止冷场，必须力求在最短的时间内了解对方，找到更适合谈论的话题，以缩短彼此之间的心理距离，使关系尽快融洽起来。在寻找话题上，需要有丰富的学识、经验以及丰富的想象力、敏感性。

适时调整，根据客户声音灵活应变

很多人都认为，通过电话与客户沟通很难，难就难在无法看到对方的面部表情，看到对方的举止。这无形中使得在判断对方的心理变化时多了些盲目性。其实，有一个非常重要的识人法——闻声识人，即通过一个人的声音就可以辨别他的性格以及为人处世的风格。

自古以来就有“以貌取人”、“字如其人”、“文如其人”的说法，但闻声识人也同样重要。这种事情在日常生活、工作中很常见：

同事刘强是一个口才很好，又很幽默风趣的人，有他的地方就有笑声，我们都特别喜欢跟他在一起。不过，口齿伶俐的他也有烦恼的时候，一旦见到陌生的客户就会思维迟钝、说不出话。一次去拜访客户，客户正在看他，本来很镇定的他一下子面红耳赤、不知所措起来，甚至连最基本的逻辑和语速都不能保证，难掩心中的紧张之情，其实他也想在陌生人面前一展自己的幽默天分，以期获得好感，但无奈总是屡屡“临阵怯场”。

许多人平时说话滔滔不绝，但在特定情况下就会出现“大脑一片空白，说话颠三倒四”的情况。说到这里，想起前些日子遇到的一件事，我去考职称英语，不清楚地址，还有点晚了，于是急匆匆地打个车。钻进车后，焦急地对司机说：“去交通大学。”他说：“这一小段路比较拥挤，咱得绕一下。”我说：“您找个方便的路绕一下没关系，不过不能耽误太长时间。”接下来，令我目瞪口呆的对话开始了。

司机：你是去考职称英语的吧？

我：（侧目）您怎么知道？

司机：这个点儿出门的年轻人不多，你这么着急去学校，还背着包去，应该是去考试，况且今天全国不都考这个么？

司机从我的三言两语中就知道我内心的想法，一时令我语塞，只得赶忙说：“哦，哦……”

上述两个情景都证明了一点：在特定的情况下，一个人的内心往往会在说话尤其是语速上表现出来。推而广之，人们内心的状态通过说话会反映出来，而内心状态的变化，又可以直接反映在语速、语调的变化上。

一个人语速很快一般说明他是一个性情直率且精力充沛的人，同时可能有点自我和固执；相反，语速很慢则表示他老实厚道、行事谨慎，同时可能有谨小慎微和过于敏感之嫌；而语速突然由快变慢或由慢变快，则表示他的内心正在起着变化。

人们的语速会随着自己想要表达的情感和心情状态而发生变化，一名优秀的销售人员要学会通过声音识别客户类型，并能够根据表现出来的声音特征灵活应变，根据语速、语调的变化，极其微妙地察觉说话者丰富的心理变化，揣摩、探知他的心理状态。具体说来：

1. 讲话快，音量大，音调平直

这类客户属于做事爽快、决策果断型的人，是强权派人物的代表，他们的时间观念很强，做事讲求高效率，谈话喜欢直入主题，不愿意花时间闲聊。因此，当你打电话给他们时，得到的第一句话就是："什么事？你要干什么？"或者以质问的语气问："你告诉我这件事到底对我有什么好处？"而且可能非常严肃或者冷淡。这也是这类人最大的缺点，不善于与人打交道，常常会因为自己的强势而使人际关系陷入僵局。

针对这种类型的客户，谈话的关键是，要一针见血地指出对方所存在的问题，以击中要害。你可以这样说："×总，今天打电话给您的主要目的是想同您探讨一下先进的电脑系统是如何帮您获取竞争优势，成为行业领先者的。"讲话的速度应稍快些。

直入主题的表达方式，要尽量缩短开场白的时间，以显示出你尊重他的时间，同时也表明你的时间也是宝贵的。

2. 讲话快，音量大，音调抑扬顿挫，表现得很热情

这类客户同样做事爽快，决策果断，与第一类人不同的是他们十分健谈，与人沟通的能力特别强。对他们来讲，得到别人的喜欢、认可很重要。因此，

当接到你的电话时会表现得十分热情："啊，你好，你好!"而且很多时候会主动提出自己的看法，有时会打断你："这件事啊，我认为吧，应该这样……""这件事你可以找×总，他会详细与你聊的，我告诉你他的联系电话。"

与这种类型的客户交流时，要着重向对方传递一种情感信息，也就是说你要让他们感受到"自己很重要"。比如，你可以讲："×总，我会经常与您保持联系，并随时与您探讨使您更具影响力的机会。"这句话显示出你很看重双方的关系。

还是那句话，无论怎么说，一定要将全部注意力放在客户身上，并让对方注意到这一点，哪怕是在电话中闲聊会儿也要显示出这一点，这对促进双方的关系至关重要。

3. 讲话慢，音量小，音调变化不大

这类人重视感情，做事慢条斯理，不急不躁，为人比较单纯，对任何人都愿意表现出友好、相互信任的一面。针对你在电话里的预约、推销等要求，他们从容面对，而且反应比较慢，不会积极给予答复。不过，这并不代表他们会拒绝，通常来讲，只要能更好地引导，还是会配合你的工作的。

与这类客户通电话，你一定要学着去模仿对方，说话镇定自如，不可急躁，不要过于热情，讲话的速度、音量都应尽量随着对方，尽可能地显示你的友好。这样做的目的是，找到共同的兴趣、爱好，避免引起对方本能的怀疑，从而逐渐建立起一定的信任关系。

小贴士

古人云，闻其声而知其风，通过电话与客户交流只能通过音量大小、语速快慢、音调强弱等要素进行判断。只要把握好这几大因素即可基本了解对方的心理、性格以及为人处世的方式。

准确提问，引导客户说出内心想法

我们知道，任何人面对陌生人都不可能把内心的真实想法表露出来，然而，销售恰恰是一个需要与陌生人打交道的行业。这里有一个能够迅速打开陌生人心扉的沟通技巧：有效提问。

在与客户沟通的过程中，适时地制造些问题，不但能最大限度地激起对方谈话的欲望，拓展交流空间，争取到更多相互了解的时间，还能让客户跟着自己的思维和问题走，使话题向自己一方靠拢，掌握谈话的主动权，从而轻易地挖掘出客户更多的需求。

陈明利，被誉为新加坡保险行销皇后，在整个东南亚都是赫赫有名的。

陈明利推销的秘诀就是拥有非常好的发问技巧，在一次保险业行销论坛大会上，她在主持人的热情要求下，当场再现一段推销的情景。她以主持人为对象，展开了一段精妙的对话。

陈明利："比尔先生，我知道您是全世界最有钱的人，您的钱几代人都花不完，您知道为什么您这么成功吗？"

主持人："会赚钱。"

陈明利："没错，您不但会赚钱，我听说您还是全世界最具有爱心的人，对吗？"

主持人："对。"

陈明利："那么您有没有想过，对这个世界献出自己的爱心呢？"

主持人："是。"

陈明利："无论在什么时候、什么情况下，是不是？"

主持人："对。"

陈明利："那好，如果现在我能够提供给您一个计划，让您不用掏太多的钱就可以实现自己的愿望，您愿意听听吗？"

主持人："当然。"

陈明利："那么，比尔先生，您觉得做慈善应该用多少钱才够？"

主持人："我资产的一半。"

陈明利："资产的一半，非常好，比尔先生，现在的情况是，您只要以自己的名义投保一份保险，建立一份基金，以后不管您人在不在，这份保单将会继续发挥作用。并且全世界受到您恩惠的人会永远永远、世世代代怀念您，您觉得这个计划好不好？"

主持人："OK，谢谢！"

在本案例中，陈明利不愧为推销界的皇后，一问一答之中就创造了与客户的良性互动，一步步把客户的真实想法带了出来，然后对症下药，进行有针对性的应对，整个谈话过程滴水不漏，顺理成章。

每一个提问看似不经意，其实都是有技巧的，有规律可循的。她时刻在按照一个思路进行提问：一问一答。提问一句，让客户回答一句。打个比方，这就像在教一个人学跳舞，对方不会跳，就要引导对方跟着自己的节奏一步向前，一步向后。提问的重点也在于此，提问就相当于退后一步，让对方回答就相当于再往前一步，在一退一进中把对方拉进自己的谈话节奏里。

提问也是有方式方法的，只有恰当地提问才能更好地按下客户需求这个按钮。一般来讲，常见的发问方式有四种：

1. 巧用"为什么"

"为什么"的问题是销售过程中经常提到的一个词，这类提问直接、明确、具体，目的性特别强，可以有效地引导客户说出真实想法，极大地提高销售的成功率。尤其是，当客户拒绝购买时，一定要多问几个"为什么"。比如："先生，您为什么坚持选择××手机呢？"客户回答：这款手机质量好，价格合理，等等。这时，你可以试着推荐其他品牌，当客户再次拒绝时，你仍可以用同样的提问方式："为什么？"只有这样，才能一步一步地套出客户的真实想法。

2. 巧用"二选一"

在提问的时候，"二选一"提问法是不可忽视的一种方式，这种提问方式又被称为封闭式提问法，因为其答案只有两个：要么"A"，要么"B"，这种提问的方式有多种好处，强迫对方做出选择，有利于双方的谈话围绕中心主题而展开。

销售人员：“你是想要国产的还是进口的?”

客户：“国产的。”

销售人员：“想要直板的还是翻盖的?”

客户：“翻盖的。”

3. 正面提问，引导客户做出肯定性回答

正面提问是指所提的问题只允许对方做肯定性的回答，避免做否定的回答。在销售过程中，这是一种非常巧妙的提问方式。因为客户所回答的答案都是正面的，从而进一步促使自己做出购买决定，试想对方都是以否定来作答，接下来的提问就无法进行下去。

在与客户沟通的过程中，销售人员应该多提正面问题，便于对方做出肯定答复，以增强他们对产品的认可度和信心。

销售人员：“考虑到您目前的需求，是想购买一款综合性能比较好的手机?”

客户：“当然是。”

销售人员：“按照我的推荐，如果您非常满意会购买吗?”

客户：“对。”

销售人员：“您看，这款手机……”

客户：“可以。”

4. 诱导式发问，层层深入

诱导式发问，指的是根据客户的需求循序渐进、由浅到深，提出一系列相关问题，旨在挖掘对方的需求。也可以给予对方强烈的反对暗示，从而把对方的思路引导到自己的思路上来。这类问题可以逐步减少对方的选择余地，按销售人员设计好的答案回答。

比如：“到目前为止，关于折扣问题，我方已经做出了很大让步，可以定为4%，我想，你方一定会同意的，是吗?”

上述四种提问方式是预约客户时常用的方式，有利于最大限度地掌握客户的心理。但是需要指出的是，提问的时候还要结合当时的时机、场合、环境等。必须清楚在什么情况下使用哪一类提问方式，否则会适得其反。

小贴士

提问是启动整场销售的按钮，发问是情感表达、获取信息的一种非常有效的方式，在销售过程中，销售人员一定要善于用问题来控制谈话，引导客户逐步接近目标。

上门拜访，开场白带着热度说

俗话说，“好的开始是成功的一半”，做任何事情都要有一个好的开头。销售人员在推销产品之前需要先去拜访客户，与客户进行初步的沟通，取得对方的信任和认同。那么，在这个阶段开场白就显得极为重要，是否能与客户继续交谈下去，在于是否能做好这一点。

初次见面，及时展现自己的热情

上门拜访客户，给对方印象最深刻的往往是销售人员的态度。积极的态度会给客户带来高涨的情绪，有利于下一步推销工作的开展；而消极的态度则会影响客户的购买信心，因此，见到客户时一定要及时展现出自己的热情。

乔·吉拉德是世界顶级推销员，1963 年至 1978 年总共推销出 13001 辆雪佛兰汽车。他的成功，得益于拥有一大批忠于自己的客户，有的客户连续几次在他这买车。这些客户为什么会死心塌地地忠诚于他呢？据他自述，是自己的热情打动了客户。

乔·吉拉德有个好习惯，每个月都会给自己的客户寄 1 封信函，这些信函并不是向客户提供产品，只是简单的祝福和问候。

1月份，是一幅印有精美图案的贺卡，同时写上几个大字“恭贺新禧”，下面署名：“雪佛兰轿车，乔·吉拉德上。”

2月份，是一份情人节礼物：“请您享受快乐的情人节。”

3月份，写的是：“祝您圣巴特利库节快乐！”（圣巴特利库节是爱尔兰人的节日）

接下来，4月、5月、6月……客户每个月都可以收到类似的信件。

这样做的好处是，很多客户每到节假日总会问：“雪佛兰轿车的乔·吉拉德有没有来信？”乔·吉拉德从来不说：“请你们买我的汽车吧！”但是却能给客户留下最深刻、最美好的印象，这些潜在客户一旦需要购买汽车第一个想到的就是乔·吉拉德。

不要小看几张贺卡，它所起的作用并不小，正是这些小小的、充满人情关怀的卡片拉近了他与客户之间的距离。这也是他成功的最有力武器，后来他总结出一种销售方法——“放长线钓大鱼”，即有节奏、循序渐进地展现自己的热情，融入客户的内心，取得客户的信任，让客户感到自己始终在被关注着、关心着。

要想赢得客户的好感，取得客户的信任，销售人员必须热情、热情、再热情。诚心诚意地去为每一位客户的利益着想，无论在什么情况下，即使遭到拒绝也不能轻易放弃。

那么，销售人员在拜访客户时如何表现自己的热情呢？

1. 真诚的关心

热情要体现在行动上，真诚地关心客户，“来而不往非礼也”，当一个人真诚地关心他人时自然会获得对方的回报。销售人员要表现出是真心地关心客户，为客户着想。比如，在对方遇到困难时，伸出援助之手，哪怕是一句真诚的安慰话。

关心能够使人产生一种信任感和安全感，销售人员在与客户交谈时，言谈话语间要尽量去关心对方。让对方在你的语言中感受到你的诚意，当你的真诚打动了客户时，才能获得对方对你的信赖。

2. 积极看待客户的拒绝

在推销过程中遭受到客户的白眼、冷漠和拒绝是不可避免的，销售人员一定要以积极的心态去面对。毕竟客户的需求是多样的，不能要求所有的客户都对你的产品感兴趣。更何况，其中很大一部分人的需求是隐性的，有待我们去挖掘。

所以，在这种情况下需要积极行动起来，以平和的心态面对，用自己的真心去感化对方，让对方意识到你是在真心帮助他。

3. 对客户一视同仁

有的销售人员会根据客户购买意向将其分为三六九等，对购买意向较大的就笑脸相迎，热情有加；对购买意向较小的就冷嘲热讽，不予理睬。这样的态度势必为自己带来负面影响，你在客户心目中的印象也会大打折扣。

在拜访客户之前，每个人都想着成功，但结果往往事与愿违，很少有人一次就成功的。这种情况对销售人员的打击的确比较大，如果处理不好会形成恶性循环。正确的做法是，应该更多地关注销售的过程，而不是结果，过于关注结果反而会带来心态上的不平衡。

小贴士

俗话说：“精诚所至，金石为开。”只要你热情地对待客户，客户会以同样的方式回报你。始终热情待人，是一个成功销售人员必备的素质之一。

幽默的开场白，提升现场“温度”

2005 年，李敖到北大演讲，整场演讲他幽默风趣，让人捧腹大笑。令人印象最深刻的是他的开场白：“你们终于看到我了，我今天准备了一些‘金刚怒目’的话，也有一些‘菩萨低眉’的话，但你们这么热情，我应该说菩萨话多一些（掌声、笑声）。演讲最害怕四种人：一种是根本不是来听演讲的；一种是听了一半去厕所的；一种是去厕所不回来的；一种是听演讲不鼓掌的。”李敖话音未落，场内已是一片掌声。

白岩松一次去美国的某大学做演讲，开场白是：“欢迎大家向我扔鞋，但最好是两只，还有就是我的脚是42码的。”

这样的开场白一举多得，比直截了当地表达要好得多，在销售中应该多多利用。

一名推销员去拜访某公司的董事长，不料被秘书拦在了门外。这位推销员对秘书说：“可以把我的名片转交给董事长先生吗?”说完，把名片恭敬地递了过去。秘书将名片递交董事长，对方连看也没看，直接还了回来。

当秘书把名片还给这位推销员时，坚持说：“如果董事长没有时间以后就不要来了。”

推销员再把名片递给秘书：“我可以不再来，不过您还是把名片留给董事长吧!”说着再次进入办公室，这次彻底惹怒了董事长，一气之下将名片撕成两半，并从口袋拿出10块钱，对秘书说：“10块钱买他一张名片，够了吧!”

秘书见状有些不知所措，该推销员微微一笑：“董事长先生，10块钱可以买2张名片，我还欠您一张。”随后又掏出一张递给董事长。

董事长见这位推销员如此机智幽默，拿着名片不禁笑着说：“我不跟这样的销售人员谈生意，还找谁谈?”最终留下他，并且谈了很长时间。

上述事例表明，在向客户进行自我介绍时并不需要一板一眼按照常规的方式去介绍。其实，无论是一句话，还是一个行为，都只有一个目的，即能立刻引起客户的注意。就像例子中的这位推销员，机智灵敏、聪明过人，说话幽默风趣，尽管没有说太多的话，但足以吸引客户继续交流下去。

开场白的好坏决定着整个推销的成败，在开场白中辅以幽默的语言不失为一种绝妙的方法。一句话说得人怒，一句话说得人笑，幽默语言的魅力在于通过委婉、含蓄的表达方式营造轻松活泼的谈话气氛。尤其是当发生一些争论的时候，幽默能化解当时的尴尬局面，化被动为主动。

然而，并不是所有的销售人员都会幽默，幽默是一种高雅的语言形式，容易把握不准“度”。如果这样，反而会令客户陷入尴尬的境地，有的销售人员为了取悦客户，完全不顾对方的感受，开玩笑非常随便，甚至将一些低俗的语言当成是幽默。

我在给销售人员进行培训时会多次强调，运用幽默来达成交流时，要把握好度。否则，反而会成为对方的笑料，具体来讲，需要遵守以下四个原则：

1. TPO 原则

幽默的语言之所以不好讲，难就难在时机的把握上，也就是我们通常所讲的 TPO（时间、地点、场合）。幽默的语言往往只有在特定的场合和时间中，才能起到出其不意的效果。销售人员在向客户幽默时，应该出其不意，攻其不备，在对方的开怀大笑中化解矛盾，使得对方的注意力不再集中于胜败之念，而会转移到解决问题方面来，这样，更有利于对方接受你的观点和产品，良好地合作下去。

2. 因人而异

在说幽默话之前先要对对方的性格类型、说话风格进行初步的判断，如果对方比较随和，不太介意玩笑话，玩笑则自然可以扩大；相反，如果对方不喜欢开玩笑，你就要避免毫无顾忌地开玩笑，否则，对方会觉得你过于轻浮。

3. 避免开低俗的玩笑

在面对客户时最好不要随便开对方的玩笑，相反，可以对自己的缺点进行一番自嘲。“自嘲”，顾名思义就是自己嘲讽自己，如果你能做到这点，更能体现出潇洒的心态和人生的智慧。有时，还能更有效地维护面子，制造出宽松和谐的交谈气氛，建立起新的心理平衡。一位著名的营销人员应约去某大城市作演讲，当他走上讲台后才发现全场观众坐了不到一半，见此情景他很失望，但他很快调整了情绪，幽默地对听众说：“这个城市一定很有钱。我看到你们每个人都买了两三个座位的票。”

幽默而风趣的自嘲是一种说话的艺术，是一个人的人生态度的最高境界。在现实生活中，适时适度地“自嘲”往往会收到妙趣横生、意味深长的效果。

4. 开玩笑分寸很重要

幽默是在尊重的前提下进行的，不能恶意攻击，或针对他人的缺陷、不足进行报复。这些玩笑话很容易让对方觉得你是在嘲讽，即使你不是有意为之，但若对方又是个比较敏感的人，也会因一句无心的话而触怒他，甚至破坏两个人之间的友谊。遇到异性，更不可轻易开玩笑，尤其是低俗笑话，这样会令对方觉得你不尊重他（她）。

幽默贵在出其不意，销售人员要像幽默大师一样，讲话的时候娓娓道来，让客户在不经意间感到你的魅力。尤其在表达幽默的时候，一定要把握好时机，只有掌握好时机，才能凸显出你的智慧，否则就会适得其反，起到反作用。

小贴士

会沟通的销售员都懂得使用幽默的语言，但只有在合适的时间、合适的地点，才能起到积极的作用。因此，销售人员在与客户交流的过程中，幽默要有的放矢，避免开一些有伤大雅的玩笑。

别致的自我介绍，让客户愿意靠近你

销售人员在做简单的开场白后，通常需要再做一番自我介绍，这是与陌生客户建立关系、打开局面的一个重要环节。通过自我介绍可以让对方更多、更好地了解自己，得到对方的认可。

自我介绍看似简单，实则不易，很多人正是在这一步上栽了跟头。如何做好自我介绍令很多销售人员犯难，我们先来看一个非常普遍的情景：

销售人员：“您好，请问是××公司的王总吗？”

客户：“是的，请问您是哪位？”

销售人员：“我是美特公司的推销员李彤，这次拜访您的目的是向您介绍一下我们公司的最新产品……”

客户：“我现在很忙，没时间。”

销售人员：“先生，不会占用您太长时间的。”

客户：“我真的没时间，您下次再打过来吧。”

可以预见，这样的推销是没有任何意义的。上述案例中这位销售人员最大的失败之处在于自我介绍时没有亮点，而且犯了一个错误：直接向对方推销产品。这样很容易引起对方的警惕。这无疑为自己接下来的谈话设立了一道屏障，要知道，现在很多客户都害怕推销，在这种情境下，对方根本没有心思去了解你是谁。

常规的自我介绍可以应付工作和日常社交活动，但在推销过程中未免有些捉襟见肘。为了避免触动客户的防御心理，销售人员在自我介绍时需要多多创新，争取能够给人以耳目一新的感觉。比如，内容上精简一些，表达方式上灵活一些，等等。总之，要遵循以下四个原则。

1. 简洁性

一般来讲，完整的自我介绍包括姓名、单位、部门、职务这四大基本要素。向客户进行自我介绍时，要力求简单清晰，迅速切入正题，尤其在初次见面或者与一位关键客户，如繁忙的总经理见面时，应避免过多的闲聊，说得过多不仅不能被客户接受，反而会引起对方的反感。

销售人员：“您好，请问是××贸易公司的王总吗？”

客户：“王总接电话不方便，请问你是哪位？”

销售人员：“我是美好的李彤，你们王总的朋友，请转一下王总。”

2. 趣味性

不管是怎样的介绍，目的都是为了吸引住客户，让客户对你或者你的产品产生兴趣，有进一步了解的欲望。

销售人员："您好，请问是××广告公司的王总吗？"

客户："是的，请问你是哪位？"

销售人员："我是美好的李彤，前几天看到你们公司的采购计划，我这有个优惠方案，想与您探讨一下。"

客户："美好？是什么公司啊？"

这段对话，销售人员将自己"模糊化"，让客户一时无法辨清，"我是美好的李彤"，美好是一家什么公司，李彤是谁，客户并不知道，这就是个悬念，再加上这位销售人员自称有解决方案，一般情况下客户不会拒绝。

3. 侧重性

在做自我介绍的时候，并不是呈现自己所有的基本信息，而是要根据实际情况有所侧重。只说最有用的信息，甚至要特意强调出这些字眼，这些字眼对于客户来说是非常有分量的。

销售人员："您好，请问是××广告公司的王总吗？"

客户："是的，请问您哪位？"

销售人员："我是美好的设计总监李彤，我们算是同行了，有一些业务合作上的事情需要与您交流一下。"

这段对话里的"设计总监"、"同行"等词就是关键，让客户听了有一种值得与你谈下去的感觉，无论认识不认识都会先继续谈下去。

4. 随机性

和不同的客户面谈，针对不同性格与层次的人、不同氛围的环境，都要及时做出准确的判断，从谈吐、举止、专业知识等多方面给客户一个良好的第一印象，为最终销售成功做一个好的铺垫。

小贴士

值得注意的是，无论使用什么方式自我介绍，必须围绕两个中心展开：第一，让客户明确你的意图：你是谁，你为什么会在这儿。第二，让客户愿意和你交流，允许你继续说下去。

独特说辞，勾起客户心中的小火苗

心理学表明，人们会对那些陌生的、独特的或极具特色的人或物产生好奇心。为此，销售人员在拜访客户时可以准备一些独特的说辞，来激发客户的谈话欲望。

“独特销售说辞”是一种推销理念，20 世纪 50 年代由美国罗瑟·瑞夫斯（Rosser Reeves，1910—1984 年）首创。英文为“Unique Selling Proposition ”，简称 USP，也有人翻译为“独特销售主张”。

罗瑟·瑞夫斯曾经是弗吉尼亚银行的一名文员，在移居纽约后，他开始在广告公司工作。1940 年他加入了贝茨公司，1961 年，转战达彼思广告公司，并担任董事长一职。期间，他通过大量的实践不断发展自己的创意哲学，并撰写了一本名为《广告实效》（*Reality in Advertising*）的书，此书畅销一时，在广告界和销售界影响巨大。

在这本书中，他提出了“独特销售说辞”的营销理念，包含三大部分：

①说辞，是向客户提供一个明确的信息，而不是用华丽词句堆砌而成，肆意夸大其辞，对产品进行一番吹嘘。

②说辞必须独一无二，无论是在品牌方面，还是在质量、承诺方面都要独具一格，而且是竞争对手没有提出或无法提出的一个点。

③提出的销售说辞需要有足够的力量吸引客户，也就是说销售说辞要足够新颖、富有创意。

罗瑟·瑞夫斯认为，利用独特销售说辞更有利于满足客户的心理需求，因为大部分客户对上门推销这种方式都有排斥心理。更何况面对陌生的推销员，面对陌生的产品，他们不会轻易地接受。如果能有那么一句或若干句话打开他们的心灵，就容易找到突破口。

在当今时代这种理论仍然没有过时，经过不断丰富、发展和完善，具有了更强的针对性。在推销实践中广泛运用，而且效果也非常不错。比如：

一位空调推销员说："您知道世界上最懒的东西是什么吗？"客户感到迷惑，但也很好奇。推销员继续说："就是您藏起来不用的钱。它们本来可以购买我们的空调，让您度过一个凉爽的夏天。"

一位地毯推销员说："每天只花一角六分钱就可以使您的卧室铺上地毯。"客户对此感到惊奇，推销员接着讲道："您卧室 12 平方米，我厂地毯价格每平方米为 24. 8 元，这样算是 297. 6 元。我们的地毯可铺用 5 年，每年 365 天，平均每天的花费只有一角六分钱。"

上述两位推销员利用独特的说辞，制造神秘气氛，引起客户的好奇，使得原本没有需求的客户重新燃起了购买兴趣。

一套真正有效的说辞并没有那么简单，销售人员在面对客户时如何来准备独特的说辞呢？

1. 注意积累

良好的语言表达能力源于丰富的语言素材，而语言素材的获得全靠平时的积累。所以销售人员在日常生活、工作中，要养成善于观察、注意积累的好习惯。把看到的、听到的，只要对自己有益就记录下来，厚积而薄发，当语言素材积累到一定程度，自然会促使语言表达能力更上一层楼。

2. 善于思考

记录在本子上的文字不会自动转化为能力，要实现这一跨越必须经过大脑的思考。否则，你长期积累的东西也很难运用到实践中去。我作为一名长期做培训的人，对此深有感悟。每到一处都会遇到一些人，课堂上他们可谓用心听讲，认真做笔记，什么理论、方法等从不会落下。可为什么业绩没有提升呢？后来发现，他们没有对课堂上的东西进行思考。不思考，永远不会运用，不思考，一切都是浪费。

3. 灵活应变

所谓独特的说辞，它的特点就是独特性、唯一性，即每一场推销，对每一位客户都应该有所不同。销售人员要学会根据当时的实际情况，适时地、灵活地对话术做出调整，从而更有针对性地进行推销。

> 小贴士
>
> 独特的说辞可以吸引客户的注意力，但是千万不能脱离主题，每句话都应该与自己推销的产品或服务有关。千万不可一味地追求新颖而脱离主题，与推销的内容无关，说得再多也无济于事。

巧妙插话，似火上浇油

有一次，墨子的学生子禽问：“老师，您认为多说话有好处吗？”

墨子回答说：“你看生活在水边的蛤蟆，逐臭不已的苍蝇，它们总是不分白昼黑夜地叫个不停，目的是以此来显示自己的存在。可是，它们即使叫得口干舌燥、疲惫不堪，也没有人注意它们到底在叫什么，因为人们对这些声音早已是充耳不闻了。现在你再来看看这司晨的雄鸡，它只有在黎明到来的时候啼叫几声，人们便闻鸡起舞，纷纷开始一天新的劳作。两相对比，你认为多说话能有什么好处呢？”

子禽听了墨子的这番教诲，非常赞同，频频点头称是。

只有准确把握说话时机，把话说到点子上才能起到应有的作用，收到预期的效果！然而，在现实中有很多销售人员都是不顾时间，不顾地点、场合，在客户面前喋喋不休。似乎希望把自己所知道的一切都倒出来，结果等到对方再开口时，已无话可说了。

这是大部分销售人员一个共同的毛病，为什么会这样？引用我国台湾著名成功学家林道安说的一句话：“一个人不知道该何时表达，那是因为他不知道对方需要听什么样的话；假如你能像一个侦察兵先对对方的心理活动进行一番侦察，你就知道该说什么话了！”

推销，并不意味着要永远不停地讲话，相反应该让客户多说，自己则寻找适当的时机，利用有限的几句话来表达清楚自己的意愿既可。有时候，话在精而不在多，说得恰到好处效果会更好。

小梅是名高档手表推销员，一天，她去拜访客户王先生，当她试图介绍产品时对方却唠起了家常，一口气讲了很多关于母亲的往事。

大概一小时的时间，小梅就一直笑眯眯地听着，一副感兴趣的样子。其实，小梅不仅在仔细地听着，脑子里还在不停地思考。通过听客户讲述自己母亲的故事，她迅速做出了以下判断：客户已经把商品的需求加入了很多感情因素：感谢母亲这些年为自己的付出，希望能通过送礼物向父母表达自己的感恩之情。如果是这样，就可以把客户对“母亲的爱”作为推销突破口，也就是说，只要商品能够传达出亲情，被购买的可能性就会大大增加。

有了这样的分析，小梅便根据客户的情感需求进行说服。

小梅：“原来是您母亲的六十大寿啊，可喜可贺。我们有专门针对老年人开发的系列产品。上次也有位客户在此购买这款作为祝寿大礼，深得老人家欢心。我给您看一看样品吧。”

最后双方一拍即合，顺利成交。

客户的性格各有差异，有人爱说，有人木讷。但无论怎样，积极的倾听都会给人以备受尊重的感觉。例子中的小梅在整个推销过程中，话不多却句句说在客户的心坎上。之所以产生如此好的效果：第一，时机把握得好；第二，善于分析，巧妙地抓住了客户的心理，正是这两方面的结合才得以顺利成交。

一名具有高明说话技巧的销售人员，把客户想要听的事情，在他们想要听的时间内，以适当的方式说出来，这真是一种无与伦比的才能。具备时机感的销售人员，无论在什么情况下，或遭到什么变故，或受到阻碍时，都能转危为安，转祸为福。

很多销售人员插话时，不顾忌客户的反应，也不去理会客户的感受，高兴说什么就说什么，想什么时候说就什么时候说，如此漠视别人存在的说话方式，不仅容易得罪人，还会被客户轰出来。

那么，什么时候插话最合适呢？一般来讲，当对方表现出以下几个特征时就预示着可以插话了。

1. 客户忽然沉默不语时

忽然沉默不语一般有两个原因，一是对你的产品不感兴趣；二是可能正在思考。对于销售人员来讲这两种情况无论属于哪一种都是非常不利的。因为这类客户非常有主见，他们需要什么，不需要什么，心里非常明确。但是他们却很少会将这种心理表现出来。因此，销售人员要在这时主动开口说话，引导他们多交流最合适不过了。

2. 客户反复提到某个问题时

如果客户在你面前反复提一个问题，就预示着对方想向你倾诉什么，同时希望得到你的回应。这时，你可以适当插话："噢，我听明白了，您的意思是不是……"这样可以及时地把握谈话的内容和方向。

3. 客户详细询问时

根据客户的需求来寻找插话时机无疑是最有把握的一种，因为有需求的客户在与你交流时会表现出很多特征，比如，会对产品的品牌、价格、安全性、质量、售后服务等，进行详细询问。销售人员可根据客户所关注的重点，寻找合适的插话机会。

有人说，插话的时机似乎是一种特别的直觉，抓住时机要靠直觉，其实，它和经验一样，也是不断总结出来的。销售人员在与客户交流时，要注意倾听对方的每一句话，并对其内容进行充分理解、判断、分析，然后在此基础上寻找插话时机。

小贴士

有效的沟通是在合适的场合、适当的时机，以适当的方式表达自己的观点。每个优秀的销售人员都是超级沟通家，知道什么时候说最能打动客户，什么时候说会产生预想的效果，能抓住适当时机、用恰当的语言进行沟通。

尽早结束不相干的话题

俗话说“一心不能二用”，只有使客户把所有注意力集中在正题上，才有可能实现推销的目的。然而，在实际交流时绝大部分客户都会有意地将话题岔开，结果是很多销售人员被客户牵着鼻子走。交谈了半天也无法进入正题，涉及的问题也没能表达清楚，最终只能不了了之。

切记，与客户交流时要将谈话的主动权牢牢握在自己的手中。

海亮是一家建筑材料销售公司的推销员，他与一位装饰公司的胡总谈好一笔交易，就差最后的签字了。为此海亮专门前去拜访，对方一见到他就表现得十分热情，招待他坐下，兴高采烈地谈起了自己的儿子，因为他儿子就读于一所名牌大学，即将毕业。

客户十分自豪地说：“我儿子的理想是要当一名医生。”

“那太棒了。”海亮说。说这话时海亮情绪不是很高，因为这次拜访的目的不是来闲聊的。“我的孩子很聪明，他还是婴儿时我就发现他相当聪明。”

“成绩非常不错。”海亮说，眼睛却仍然望着别处。

客户丝毫没察觉到这点，继续说：“在班里，他一直是最棒的……”

当客户在饶有兴致地说着儿子的事情时，突然意识到海亮的注意力并没有集中在自己的谈话上。便改变了态度，突然说了一句：“我还有些事情，今天先到这里吧，改天我去找你。”

就这样，海亮无功而返，自始至终没有谈到签合同的话题上，下班后，白天的事情在他脑中一幕幕重现，他一直在想为什么失去了这笔交易，后来终于明白了，原来是自己始终被客户牵制着，由于没有及时结束这个节外生枝的话题，反而得罪了客户。

一个人的大脑很难同时处理两件事情，如果你把注意力集中在一些无关紧要的事情上，就会分散大部分精力。在推销过程中，如果发现一直在谈论与产品不相干的话题，推销员应该巧妙地结束当前的一切。否则，就会像例子中的海亮，不但无法实现预期的目标，反而会得罪客户。

任何事情都有个轻重缓急，让客户最终接受产品是推销活动的最终目的。因此，一切谈话都必须围绕这个中心展开，也就是说，让客户时刻优先处理这件事情。这并不是说推销员不能与客户唠家常，谈论产品以外的话题，而是要有节有度，明白哪件事情应该先做，哪些事情应该暂时放一放。

实践证明，沟通时在客户心中构建一种有效的“刺激”，既可以转移客户的焦点，把客户的关注点转移到产品上来，也可以暂时屏蔽掉对其他事情的顾虑。而且这种刺激的强度越大成效越好。

其实，巧妙地结束与产品无关的话题也并非难事，经常用到的有以下五种方法：

1. 先声夺人

这一招指的是要抢先一步开口，未等客户完全摊开话题，就先亮出话题，并在谈话中极力渲染气氛，以势压人，让对方完全沉浸在自己的谈话氛围中。这里有一个小技巧：可以不时地向对方征求一些意见，或者讨教一些解决问题的方法，或者根据自己的启发发表见解，这样做的目的是不给对方另找话题的机会。

2. 巧转视线

为了防止客户岔开话题，销售人员要学会巧妙地转移对方的视线。通过细心的观察发现某些小细节，找到对方的兴趣点。

比如，遇到一位着装时髦的人，可以夸赞对方的着装打扮，服装多有档次、多有品位；如果是一位青春靓丽的女性，可以向她讨教护肤的方法；如果碰巧天气不错，可以表现出对外面的天气或景物的关注，评论天气的好坏等。总之，利用一些对方可能感兴趣的话题来转移他们的视线，可以有效地达到目的。

3. 转移话题

当客户正在兴致勃勃地谈论某一话题时，千万不要随意去打断，尽管你明明知道这些话题与销售无关，也不要这样做。否则，将会让客户感到很没有面子。此时不妨静下心来认真听对方诉说，然后趁机转移话题。比如：对方正在谈论某个人的是非，或者表达对某个人的不满，你就可以趁机插入一些被谈论人的无关紧要的事，这样很容易让对方封口。

4. 主动出击

客户永远是按照自己的思路在行事，这往往与销售人员的思路形成一定的冲突。而要想把客户的谈话思路转移到自己这边，销售人员必须学会抓住时机，主动出击。否则，很有可能陷入被动，只有倾听的份，没有申辩的机会，从而最终失去这次谈话的主动权。

5. 装疯卖傻

俗话说“难得糊涂”，在推销中如果你对客户谈论的话题实在不感兴趣，同样可以装“糊涂”，客户说西，你就说东；客户说人，你就说事；客户谈工作，你就谈家事。但这绝不是让你真正地犯糊涂，而是装作没有领会对方的谈话意图，采用云山雾罩的计策，实则上你心里应该很清楚，这样做的目的是制止对方继续谈论下去。

在日常生活中，打断对方的谈话被视为不礼貌的行为，更何况你的身份是推销员，随便打断客户的谈话，不仅仅是礼貌问题，还会涉及利益问题。不喜欢客户正在谈论的话题，可以去打断，但在打断的方法方式上一定要特别讲究，不要什么时候想插一竿子就插一竿子，这样会给客户留下非常恶劣的影响。相反，有方法、有技巧地转移话题，还会激发对方更大的倾听兴趣。

小贴士

与客户沟通时最忌讳的就是纠缠于一些无关紧要的事情。这通常是对方拒绝购买，或者拖延购买的一种策略。因此，当你发现客户有这种倾向时，就要寻找机会尽快结束这些不相干的话题。

深入沟通，夸人话带着真诚说

夸人是一种技术含量非常高的沟通方式，不会夸人推销就无从谈起！然而很多销售人员不懂得这门技巧，导致双方不欢而散。销售人员在与客户沟通的过程中必须学会赞美的语言，掌握赞美的技巧，以便轻而易举地捕获客户的“芳心”。

一句赞美语，巧迎客户建好感

赞美是世界上最美的语言，对他人施以赞美能最大限度地满足对方的心理需求。每个人都有被他人赞美、被他人欣赏的渴望，而且这种渴望是隐性的，没有谁会明确表现出来：“我渴望被人赞美。”“我必须被人赞美。”相反，越是有这种心理的人，越是把自己包裹得严严实实。

希望被别人赞美、被他人接受，又不愿意表现出来，这更说明了人对这种需求的渴望程度。于是，大部分人一旦受到他人的赞美，都会欣然接受。比如，你的衣服真漂亮，你真是个有气质的人……这样的话任何人都不会拒绝。

有人做过这样一项调查，60%以上的销售人员会因为难以开口赞美客户而陷入困境。学会赞美自己的客户，是一种非常有效的沟通技巧。作为一名销售人员，在与客户交流时不要吝啬自己的赞美之词。下面就是一个善于利用赞美性话语来接近客户，成功实现推销的范例。

崔西，一名优秀的图书推销员，他曾经自豪地说："我能让所有人都买我的图书。"而且他推销的秘诀特别简单，就两个字：赞美。

有一次，他遇到了一位非常有气质的女士，准备向其推销，不成想对方已经开口："我知道你们这些推销员很会奉承人，专挑好听的说，不过我不会信任你们，你还是节省点时间吧！"说话时脸阴沉沉的。

崔西微笑着说："您说得很对，推销员是专挑那些好听的话来说，说得别人昏头昏脑的，但像您这样特别有主见的人我倒是很少遇到。"

这时女士的脸上像雨后的天气瞬时由阴转晴了，接着问了崔西很多问题。崔西都一一作了回答。最后仍赞美道："您的形象映射出了高贵的气质，您的语言反映了您敏锐的头脑。"

女士听后开心得笑出声来，很爽快地买了他一套书籍，后来她又在崔西那里购买了上百套。

随着推销图书经验的日渐丰富，他总结了一条定律：没有不爱赞美的人，只有不会赞美的人。

所以，在推销产品之前，先去赞美，就有可能打破那层"坚冰"。例子中崔西从头到尾都没有忘记赞美客户，通过赞美发现了客户感兴趣的话题，通过赞美引起了客户的内心需求，最后通过赞美获得了订单。一招吃遍天下，仅仅依靠赞美的话语就轻松成交。

有人说赞美一个人很难，我认为那是没有找对方法，找对了方法就会变得异常容易，而且只要解决好两个问题即可：

1. 赞美对方什么

给客户以赞美首先要解决的问题是：赞美对方什么。大部分销售人员都是有赞美意识的，也知道沟通时多赞美对方，但一旦具体实施起来就有些不知所措，不知道赞美对方什么，或者胡乱赞美。不符合事实的赞美会令客户产生怀疑，更加失望，甚至留下一个“你太虚伪，不值得信任”的坏印象。

每个人都有自己的优点，销售人员要善于观察，去发现客户身上的闪光点，包括技能、兴趣爱好，或者事业、爱情、家庭，甚至长相、言行举止，等等。

2. 如何赞美对方

第一个问题得到解决之后，面临的下一个问题就是如何去赞美对方，也就是说采用什么样的方式去赞美。赞美方式的选择极为关键，运用不当也会弄巧成拙。同样的意思用不同的方式来表达，效果就不同。下面是一些推销情境中经常用到的句式，可供选择。

（1）赞美对方提出的看法、建议、提议等

“您……很独特，让我受到了启发！”“从……中可以看出，您真的很专业！”

（2）赞美对方的气质、气魄、性格、内涵等

“您看起来很……只有这种产品才适合您！”“真的很羡慕您有这么好的……”

（3）赞美客户的家庭、事业、生活等

“像您这样追求高品质生活的人，当然要选这种最有档次的品牌！”“看你们……多幸福啊，全家人一起出来！”

（4）赞美客户在某方面或者某领域作出特殊贡献

“如果有机会，我一定要向您请教赚大钱的方法。”“专家就是专家，提出的问题都和一般人不一样，全问到点子上了！”

（5）赞美客户的姓名、服饰、发型等外在美

“您父母一定是很有学问，给您取了这么好的名字！”

（6）其他

“一听您讲话，就知道您一定是个很有影响力/很果断/很热情/很友好/思维很超前/人际关系很好/思考全面/很有品位的人！”

小贴士

使用赞美性的语言，被视为销售中非常重要的一种沟通技能，在促使销售目标实现的过程中起着非常重要的作用。每个销售人员都要从内心深处重视起来，去发现、挖掘客户值得赞美的地方。

赞美要发自内心，不只是嘴皮子功夫

赞美能令对方产生好感，使双方的关系更融洽，但必须是真正发自内心的赞美才能产生这样的效果。在现实生活中，不少销售人员对此有很大的误解，认为“赞美”等同于“奉承”、“巴结”。因此就出现了很多花言巧语、油嘴滑舌的人，这不仅会让客户感觉不自在、不舒服，甚至会激怒客户，伤害到对方的自尊心。

认识上的偏差势必影响到行为，如果销售人员始终认为赞美客户是拍马屁，那么，他们的话就并不是发自内心的，虚伪的话怎能真正打动客户？

因此，销售人员在赞美客户时，千万不能认为赞美就是“奉承”、“拍马屁”。

我的朋友小李是某公司的高管，他有个可爱的孩子，长了一张明星脸。一次，他带全家参加公司的一次自助游活动。同事、下属、朋友纷纷夸他的孩子，其中一位小主管这样说，“您的孩子长得像××”、“您的孩子和某明星长得真像”。这样的言论充斥于耳，小孩子听了这些话自然高兴，自己被认为长得像某个名演员多神气。而我这位朋友则不领情，心里很不舒服。原来，与儿子极为相像的那位电影明星专演反面人物，因此你说他们相像，虽然是赞美，也等于在指责他不光彩的一面。

在大多数外人看来，这也许就是半句奉承、半开玩笑，并没有特别的含义，然而却招致朋友的强烈不满。事实上，这种赞美方法实在不怎么高明，当事人自认为是缺点的事却被别人拿来“夸赞”，难以接受也可以理解。

赞美是门大学问，当你想赞美别人时一定要考虑到对方内心的想法，根据具体情况对症下药。否则，反而有“拍马屁”的嫌疑，尤其是在与对方的地位、权势差距较大时，更不要张口就来。

赞美应该是来自内心深处的一种“情感”，它反映着你对客户的尊敬、崇拜或认可。而拍马屁呢，它只是对另一个人虚伪的吹捧，或者是基于某种目的，为眼前或日后能获得“回报”而采取的一种手段。两者是完全不同的，是诚恳的称赞还是虚伪的拍马屁，对方一听就清楚。在这里奉劝销售人员，只有将赞美与拍马屁区分开来，才能够真正接近客户。想要获得客户的信任，就必须真正地去爱他们。

1. 真情实感的流露

赞美客户往往需要说些恭维的话，态度虔诚一些，但是一定不要陷入表达的误区。赞美是真实情感的一种自然流露，是对客户尊重的一种体现，不需要华丽词语的修饰，不需要作秀，也许无法找到更多、更好的言辞来表达你当时的心情，但只要真诚，赋予了自己的真实情感，再朴实无华的语言也能打动对方。

2. 态度诚恳，心里坦然

说话的态度决定着产生的效果，只有态度诚恳、心里坦然，才能让对方感受到你的诚意。而如果只是随便聊天，无意中说出一句赞美的话，很可能会让对方质疑你的诚意。比如，在谈话时看到客户身边的孩子，随便问一句“这个小孩子真可爱，是你孙子吗?”之类的话题很容易破坏愉快、和谐的谈话气氛。

3. 符合客户的心理期望

赞美要能满足对方的心理需要，在没有弄清楚对方的心理状态前，最好不要随便赞美，免得弄巧成拙；当你赞美了对方后，对方表现出满意的态度时千万不要就此结束，而应适当改变表达方式，再三地强调这一点，深化这一点。仅仅一两次的赞美、肤浅的赞美，通常会被认为是一种奉承。所以，赞美对方一定要三思，并随时注意对方态度的变化。

小贴士

总有人认为，赞美是厚颜无耻地拍马屁，因而耻于为之。事实上这是粗浅的认识。赞美别人、恭维别人的话，是人际交往中至高无上的“言辞”。何况这种尊贵的言辞又是唾手可得、于人有利、于己无损的，何乐而不为呢？

赞美要具体详细，不能讲空话大话

某君带自己的夫人拜访一位外商，见面后，外商便夸赞其夫人：“你的夫人真是太漂亮了！”

某君客气地说：“哪里，哪里。”其实这是中国的客套话，没想到外商却理解为“Where，Where?”心想：“说你夫人漂亮就是漂亮呗，还非要问具体漂亮在哪里?”

于是，他认真地回答：“你的夫人眼睛漂亮，身材好，气质好……”

说完，大家哈哈大笑起来，商业洽谈在愉快的氛围中开始了。

这虽然是一则笑谈，但是却给我们一个启示：西方国家的人赞美意识更强，他们可以毫不顾忌地赞美你。当赞美别人时一定要在心里问自己一个“Where”，漂亮在哪里，好在哪里……然后还必须回答这个“Where”。

想让你的赞美效果倍增，就要学会具体化赞美。具体而详细地说出对方值得称道的地方，既能让对方直接感受到你的真诚，也能让你的赞美之辞深入人心。因为当你夸一个人“真棒”、“真漂亮”时，他内心深处肯定会有一种心理期待，什么期待呢？就是希望你继续说下去，以求证实：“我哪里棒?”“我漂亮在哪里?”等等。如果此时戛然而止，没有具体的表述，反而会令对方失望。因此，赞美客户需要具体化，要针对具体的某一件事情、某一个明确的点来说，这样才能给对方可信的感觉，这也表明你对客户的重视程度。

然而，大多数销售人员常常犯这样的错误，说空话、说大话，口若悬河、侃侃而谈，表面上很热闹，事实上很容易招致客户的反感。这也是有的销售人员被客户拒绝的原因，话还说不到三句就被对方拒绝了。我们来看看这些人是如何与人交流的吧：

销售人员："薛总吗？你好！我姓王，是××公司的业务代表。你是咱们业界的成功人士，我直率地说……"

"对不起，你过奖了，我现在还有事，以后再联系吧。"话还没说完就被对方打断了。

小王放下电话，又开始约其他客户，可每次结果都一样，刚搭上话就被拒绝了。

遭到客户的拒绝是正常的，但像这样一开始就被对方拒绝的还真不多。客户为什么不肯与他讲话，原因是他错误的说话方式。请注意，上述案例中的销售人员，每次沟通前都不忘赞美一番，自认为这是好事，其实恰恰相反，正是这些赞美之词起了反作用。要知道，陌生人之间本来就有沟通障碍，若无根无据地给对方"戴高帽子"，会显得十分虚假，也会让对方产生一种心理抵触。

赞扬要避免说大话、说空话，只有做到具体、详细才可使话题显得有骨有肉，丰满起来。既然具体化赞美能收到如此奇效，我们不妨来学学如何做才能做到详细地赞美，并以恰当的语言表达出来：

1. 指出具体部位，说明特点

赞美要找到一个合适的出发点，而且越具体越好，具体的程度与你关注的程度是呈正比的。你说得越具体，说明你对客户的关注程度越高，了解程度越深。客户也自然会有这种感觉，这时任何赞美性的语言都会显得非常有说服力。

值得注意的是，这个点必须是客户身上体现出来的具体部位。比如，对外表的赞美，你可以说，眼睛明亮，脸型好看，面带福相，气质儒雅，高贵洋气，身材苗条……从他的相貌、服饰等各方面寻找具体的闪光点，然后给予评价。

2. 找准一个点，确定一个主题

赞美的点可以从多个方面来寻找，可以是客户自己的事情，如工作、事业、家庭等，比如："听说您是通信方面的专家，想请教一下您……""听您的声音，我感觉您是一个爽快的人。"也可以是与客户有关的事情，比如："你发现没？只要你一来，这里的人气马上高涨起来。""听君一席话，胜读十年书，跟您交谈让我受益匪浅呐。"无论你赞美客户哪一方面，我认为，关键是找准一个点，确定一个主题，然后紧紧围绕这个主题展开，如下图所示。

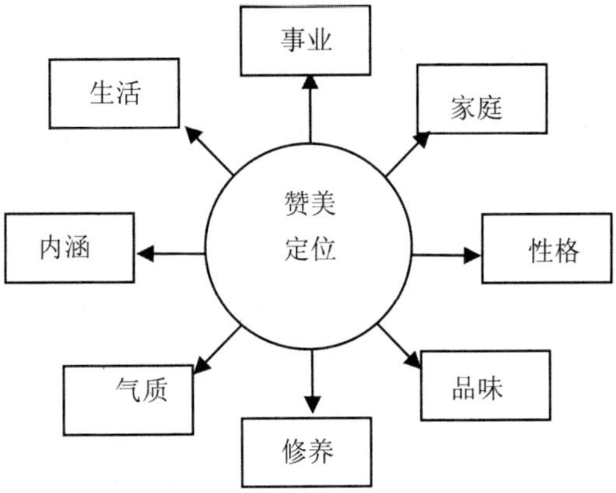

3. 列举具体事实，说出感想

赞美要以事实为依据，最好能列举出一个或两个翔实的例子来，并说出自己的看法。这样会更有说服力。有一次，客户带我去参观他的新房子，我知道要表现出欣赏，但不能笼统地说"漂亮，真漂亮"，最好能具体地说出哪里漂亮，喜欢和欣赏哪里。

我说："张总，这地板颜色好，特别温馨。"

张总有些得意："那是我亲自挑的。"我紧接着夸赞："您真有眼光。"

参观书房时，我说："这书房的颜色不错，淡蓝色给人冷静的感觉，怪不得张总那么有思想呢！"

看了他家的阳台，我说道："这植物长得好，枝繁叶茂，我家养的植物最后都死了。张总，我发现您不仅管人管得好，连植物您都管得挺好的。"

小贴士

对于销售人员来说，赞美必须要真实、具体，对客户赞美得越具体，内容越详细，表明你对客户了解越多，重视程度越深。相反，那些缺乏热诚的、笼统的、空洞的赞美给人以敷衍的感觉，有时真有点拍马屁的嫌疑。

因人而异，男女老少各不同

由于性别、年龄的差异，每个人的审美观和兴趣都不同，销售人员在赞美客户的时候不能生板硬套，对任何客户都用一套赞美词。赞美也需要因人而异，分别对待，赞美老人的话，年轻人听了就会不舒服；有的话男人听了好，女人就不爱听；有的人喜欢被人捧，你可以直接夸耀一番，甚至夸张一些；而有的人正好相反，非常讨厌别人大肆赞美自己，那你就要巧妙避开，尽量委婉些。

这充分说明，对于不同性别、职业、性格、年龄的人，要采用不同的赞美语言，不可一刀切。

某推销员向一位穿着时髦、化妆浓艳的年轻女士推销一款护发素。

推销员："你的头发经常烫吧，如果能做一次全面的护理，将会更加有助于保护您的发质。这款护发素的质量非常好……小姐要不要考虑一下。"

客户："下次再说吧。"

推销员："小姐，现在像您这么有品位的人实在太少，没有好的头发，再好的发型也会大打折扣。所以，不妨先试用一下？"

客户笑笑说："那好吧。"

一个二三十岁的年轻人不管有钱没钱，地位如何，关注最多的肯定是美貌和外表，与同龄人相比也更有优势；一个四五十岁的老板不管事业多成功，他关注最多的是子女的将来；一个六七十岁的老人不管身价多少、经历如何，他最关注的是自己的健康。不同年龄段的人关注点不同，对于不同年龄的人，销售人员的赞美点也应该不同。

1. 赞美要依据不同年龄展开

不同年龄的人在购买产品时会呈现出不同的心理特点，赞美的角度自然也就不同。所以，销售人员平时要多观察，多总结，对不同年龄段客户的个性、特点、心理进行全方位的关注，以便在面对客户时能抓住他们的主要特点进行赞美。

（1）赞美孩子

通常会赞美其聪明伶俐，性格开朗，活泼可爱。由于小孩子很少以一个消费者的个体独立存在，他们很多时候都是跟随着父母或者其他监护人，所以在赞美小孩子的时候附带上大人效果会更好，比如："这孩子长得眉清目秀的，跟他妈妈一样！"

（2）赞美年轻人

这里的年轻人一般是指18岁到30岁的客户，他们的购买欲望会相对强一些，所以也是最重要的消费群体之一。他们个性鲜明，具有独特的消费观念，因此，销售人员在赞美这类客户时，应该根据他们的消费特点进行调整。比如：

◎ 追求流行、时尚。

◎ 购买范围广、购买能力强。

◎ 购买动机易受社会因素影响。

◎ 具有明显的冲动性。

由此可见，青年男女往往是流行商品的消费群体，他们在购买商品的时候，对于时髦比较敏感，容易接受新鲜事物，购买行为趋向于求新求美。他们往往注重商品的美观、新异，而对质量、价格的要求不是特别高。

因此，销售人员在面对这样的群体时，赞美一定要围绕对方的好奇心。比方说，赞美其气质、外貌、衣着以及一些特殊的爱好等。

（3）赞美中年人

中年客户相对于青年客户来讲，在购买产品时要冷静、沉着得多，比年轻人也更有主见。这是因为他们大多有了家庭，有了孩子，也有了固定的职业，随着生活阅历的增加，他们的消费观念已经发生了转移，会更注重商品的质量、实用性。

销售人员面对这样的客户，要避免夸夸其谈，大肆力捧。相反，只要认真地、亲切地与他们交谈，对他们的事业、生活、家庭表达羡慕之意，说些佩服的话即是最大赞美。也可以对他们的个人魅力进行恰当的赞美，比如内涵、气质、修养、品位。

（4）赞美老年人

对待老年客户，销售人员要更耐心一些。赞美时主要以健康、长寿、安享晚年这类话为主。比如，鹤发童颜、牙口好、头发好，等等。

2. 赞美要依据不同性别展开

俗话说男女有别，在消费层次，购买活动中，男女也会呈现出很大的差别。为了有针对性地对客户施以赞美之情，销售人员有必要了解一下男女在选购商品时常有的心理特征，下面简单介绍几种特征：

（1）男性客户的消费特点

◎ 理性，善于控制自己的情绪，他们会在综合了解多方面的信息后，权衡各种利弊，慎重决策。

◎ 相对被动。受外界因素的影响不大，购买行为往往受到自身需要或者家人的嘱咐，同事、朋友的委托，工作的需要等的支配。

◎ 注重实用性。男客户主要追求产品的简单明快，注重商品的使用效果及整体质量，而不会太看重外形是否花哨、产品的某个细节是否得体。

◎ 注重产品档次。男性客户多具有强烈的自尊心和好胜心，购物时十分注重产品的档次和品位，而不关心价格问题。

(2) 女性客户的消费特点

◎ 具有较强的主动性、灵活性。这体现在购买具体商品上，比如原打算购买某种商品，却因为情绪问题改变了主意。

◎ 比较感性，带有浓厚的感情色彩，很多时候，女性下决定购买一款商品不是因为自身需要，而是为了满足某种心理需求。

◎ 波动性较大，容易受到外界因素影响。例如，看到商店门上标明“减价商品”、“促销商品”、“出口转内销”等，就会产生购买欲望。

可见，男性与女性在购买心理和购买行为上存在着极大的差异，所以应该对不同性别的客户，采取不同的赞美策略，展现独特的推销口才，这样才能实现有针对性的销售，提高销售效率。

小贴士

在对客户进行赞美时需要根据客户自身的条件做调整，比如，性别、年龄、职位，等等。要针对不同的客户制定有针对性的说服术。这样可以有效地避免犯张冠李戴的低级错误。

新颖独特，一言千遍万人嫌

销售人员在赞美客户时要多花些心思，如果总是流于形式，见到漂亮的女性，就夸她美丽、有气质；见到成功男性就夸他事业成功，很难引起对方太大的兴趣。因为这些赞美之词，他们已经听了很多次，几乎每个人见到他们都这样说。换个角度想，如果你能在他们身上找到隐含的优点，他人很少注意到的地方，甚至他们自己也不曾注意到的地方进行赞美，会收到更好的效果。

比如，你赞美一位漂亮女人“有能力、很能干”，赞美一位成功的男人“有气质”、“家庭美满”，相信比直接赞美他们漂亮、成功更有效。

以前我刚做销售的时候，就经常发生这样的事情，我有一位老客户是位资深的作家，刚开始我经常称赞他，无非是围绕他的作品、才华展开：“你的作品写得太精彩了。”“你真是了不起的作家。”等等。我发现对方听到这些时面无表情，几乎无动于衷。这时，走过来一位女记者对他说：“先生，您的胡须真是与众不同，很有品位，也很有魅力。”这位作家听了顿时喜上眉梢，愉快地接受了她的访问。

后来才知道，我的失败在于没有找到一个更独特的切入点。以他现在的社会地位，得到这方面的夸奖太多太多了，每个人见到他几乎都会这样夸赞一番，显然这些已经无法引起他的兴趣了。而那位记者却独辟蹊径，赞美他的胡子，他也许没有想到自己的胡子还如此受欢迎，心理上瞬间起了变化。赞美需要善于观察，眼光独到，别出心裁，流于形式的赞美无法打动客户的内心。

1960 年，法国总统戴高乐访问美国，尼克松总统夫妇举行宴会招待了他。在宴会上，戴高乐看到在一张马蹄形的桌子中央，布置了一个鲜花展台，鲜艳夺目的热带鲜花围绕一个精致的喷泉，漂亮、雅致，显得情趣盎然，原来这是尼克松夫人招待客人的习惯，每次都会花大量心思布置一番。

戴高乐一眼就看出这是主人为欢迎自己而精心制作的，不禁赞不绝口：“女主人真是用心，这一定花了很长时间来进行布置。”尼克松夫人听后，喜悦之情溢于言表。

在别人看来，甚至在她自己看来，布置鲜花展台只是一位总统夫人的分内之事，不值得赞美，事实上，也很少被人赞扬。但戴高乐却能领悟到她的苦心，并因此表示了特别的肯定与感谢，这突如其来的赞美使尼克松夫人异常高兴。

上面的例子说明在赞美一个人时，与其大肆渲染对方最大的优点，不如去挖掘一些不显眼，甚至连她自己也未曾觉察的小优点。因为每个人都清楚自己最大的优点是什么，已成为性格中的一部分，在自己看来是不足为奇、理所当然的。你如果再不厌其烦地称赞他的这些优点，反而会让其反感；而那些小小的优点，因为从未或很少有人发现，也就显得弥足珍贵。

由此可见，在对客户施以赞美之词时，一定要善于观察，勤于思考，想别人所想不到的，看别人所看不到的。

1. 要有一个明确的谈话主题

在与客户谈话前，需要对即将谈论的话题进行明确的界定，即确定谈话主题，明确谈话目的。包括对客户进行类型分析，确定运用什么样的谈话方式以及谈话后要达到什么目的。

2. 善于观察，深入挖掘

寻找合适的赞美点需要销售人员善于观察，充分挖掘。比如，你赞美客户的事业成功时，不要单纯地去赞美他的业绩，可以挖掘他的奋斗背景以及对他人的影响等。这样，方可切中要害，显得你的赞美很有品位、上档次。

3. 善于思考，转换角度

赞美一个人时不要人云亦云，要认真思考，换个角度，挖掘新的东西。比如，你赞美一个人的行为或成绩时，与其说“你真了不起”，还不如实实在在地阐述他曾经所做的某一件事情所带来的巨大的社会效应或经济效益。

小贴士

撇开对方常被赞美的地方，瞄准一些不为人知却是对方自以为得意的事。只有别出心裁，看到其他人无法注意到的地方，才能最大限度地吸引客户，激发客户的购买欲望。

讲究方式，有时候间接赞美会更好

据说，有一位年轻人十分崇拜恩格斯，并曾经给自己的偶像写了一封热情洋溢的信，信中称赞恩格斯是一位无与伦比的革命导师，一位伟大的思想家，是马克思的再现等。

恩格斯收到这封信后，并没有因为他的赞美之词而有丝毫的感动，反而生气地回信说："我不是什么导师、思想家，我的名字叫恩格斯。"

面对一位尊崇自己的晚辈，恩格斯说出这样的话多少显得有些过分。这是为什么呢？我分析，有两个主要原因：第一，恩格斯作为一位杰出的思想家，他不喜欢别人用这种近乎夸张的方式来赞美自己；第二，拿自己与马克思作对比是个致命的错误，马克思、恩格斯是几十年的好朋友，而且他非常尊敬马克思，当然会忌讳别人称他为"马克思的再现"。

这个故事说明，赞美别人的时候方式非常重要，在某些特殊的情形下，间接赞美比直接赞美更有效。

有意避开，巧妙迂回，通过赞美与他相关的人和事来达到赞美的目的，这种间接的赞美有时候反而更容易满足客户的心理。间接赞美的方式也有很多种，需要销售人员在日常工作中慢慢领悟，这里只简单介绍最常用的五种：

1. 巧用第三方

每一个人都是两个自己，一个是真正的自己，另一个是别人眼中的自己。除了自我了解之外，也可以借用"第三者"的口来了解自己，而且"第三者"说的话反而更加公正、实在。因此，销售人员一定要学会利用"第三者"来赞美自己的客户，这样更容易获得客户的信任和好感。

比如，你在与客户交谈的时候，不直接去谈论对方，而是说："我经常听某某提起你，说你是位了不起的人！"这样说要比"我觉得你是个了不起的人！"更让人舒坦。既可以避免一些不必要的尴尬，又会让对方感到愉悦。

2. 推理赞美

罗华和王梅刚开始谈恋爱，他们一起散步时，罗华问王梅：“你的眼睛长得像你的妈妈，还是像你的爸爸?”王梅回答：“像我的妈妈。”“那你妈妈的眼睛一定非常漂亮!”罗华顺口推断而出。王梅听后暗自窃喜。稍微懂得一点逻辑推理知识的人都知道罗华是根据王梅的眼睛推断出她妈妈的眼睛漂亮的。他的赞美运用了推理的方法，给人一种思考与回味的余地。其表达效果比直接赞美更佳。

3. 似贬实褒

韩信文韬武略，已经引起刘邦的戒心，就在两人关系紧张之际，刘邦问道：“你看我能指挥多少兵马?”

韩信回答：“陛下至多能指挥10万兵马。”

刘邦又问：“那你能指挥多少兵马呢?”

韩信自豪地回答：“臣多多益善耳。”

刘邦笑道：“既然你带兵的本领比我大，却为什么被我控制呢?”

韩信很诚实地说：“陛下不善于指挥兵，但善于驾驭将，这就是我被陛下控制的原因。”

刘邦自己也曾说过，统一指挥百万军队，战无不胜，攻无不克，他不如韩信。这是他做了皇帝以后对自己的评价。韩信的赞美，首先肯定了刘邦控制大臣为自己效命的能力，但又指明了他在带兵作战方面与自己相比有不足之处，正与刘邦的自我评价相吻合。话说得很实在、很坦诚，刘邦不但不怒，反而很满意。此时，韩信与刘邦的关系已很紧张，如果他违心地恭维刘邦，调兵遣将无所不能，恐怕刘邦不愿意听，甚至会怀疑他在吹捧、麻痹自己。

可见，由直接赞美变为间接赞美，对人对己都有利。

4. 对比赞美

雪儿和李俊是一对恋人。雪儿对自己的美貌不太自信。萍儿是大家公认的靓女。雪儿在与李俊共进晚餐时，故意自卑地说：“你该不会不想娶我吧？我长得这么丑。”李俊当即回答：“如果你长得算丑的话，那么萍儿是该用丑中之丑形容呢，还是用丑八怪来形容？”

雪儿听后自信心加强了，不久便与李俊结了婚。美与丑是相对的。李俊没有直接赞美雪儿美，而是通过与萍儿的比较间接地赞美了雪儿的漂亮。可见，这种对比赞美虽不直接，却非常清晰明了。

5. 反向赞美

在赞美客户时，应该针对客户本身的亮点进行，但有些人也许会提出这样的质疑：我实在找不出他的优点，要我怎么去赞美他？这确实是个难题，但我们不妨从他的缺点上发觉他的优点。

假如你遇见一个身材很胖的人，也许外表难看，但若对方胖得有福相，你可以赞美他有“福运”。又假设你遇见一个自卑的人，沉默寡言，你可以这样赞美他：“你一定喜欢看书思考，不爱说话，很有内涵，有机会我要好好向你请教。”

小贴士

在人际交往中，即使别人有错误，我们也不宜直接批评，因为那样会让人难以接受；同样，在我们面对别人的优点时，最好也不要直接去赞美，因为有时候即使你的赞美是发自内心的，也免不了让对方难以接受。

赞美要把握好度，千万不可过度

你发现某人唱歌不错，对他说：“你的歌声真是全世界最动听的。”“全世界”显然有些夸大其词，这样的赞美只能让对方难堪，若换个方式说，对方一定会很高兴。比如，“你的歌儿唱得真不错，挺有××的韵味”。

气球吹得过小会影响美观，但吹得过大则会爆炸，可见并不是吹得越大越好。同理，对客户的赞美也必须做到适可而止，不能过度，“繁彩寡情，味之必厌”，再美的话若不合时宜，听起来也味同嚼蜡。

赞美以既能赢得对方的好感，又不至于让对方心生烦躁为佳。然而，不少销售人员无法精准地把握这个度，使客户误解了自己的一片好心。

新来的小王迟迟没有业绩，好不容易得到一个客户，话不到三句就被对方拒绝了。

小王："薛总吗，你好！我是××公司业务代表小王，与您这样成功的大企业家通话真是我的荣幸。"

话还没说完，就被对方打断了："王先生，你过奖了，我不是什么大企业家，有事赶紧说吧。"

"您叫我小王就行了，直率地说，您既然在事业上取得如此大的成就，就算是成功人士了。这次与您通话的目的就是邀请您参加我们公司即将举办的全国十佳企业家评选大会。届时您将作为我们的参选成员直接参与。"

"说实话，我就是一个普通的创业者，不是什么企业家，与所谓的全国十佳更是相差甚远，您还是另请高明吧。"

小王还想继续解释什么，对方却挂掉了电话。

小王放下电话，接着又打了半个小时，每次都一样，刚跟客户搭上话就被拒绝了。他看上去情绪很低落。我见他不吱声，过去对他说："你知道客户为什么不肯与你讲话吗？"

小王："与客户沟通太难了，真是丢人。"

我对他讲，赞美客户是必要的，但是不能太过，而且一开始最好不要直接去赞美，否则，反而会让对方会产生一种本能抗拒。

根据我与客户长期交往的经验，与陌生人通话时，无根无据、虚情假意的赞美难免会令人感到厌恶。你频频夸客户"好聪明"、"好有能力"，客户表示客气，是不会承认的，这往往容易使谈话无法顺利进行。

赞美是有原则的，要想学会赞美一个人，首先就要学会遵守赞美的原则，知道哪些不可说，哪些可说，可说的话又该如何说。

1. 宁可不赞美也不随意赞美

赞美尽管会给客户带来心理上的满足，同时也有可能招致反感。当对方发现你言过其实时就会感觉受到了愚弄，所以当不知道如何赞美对方时宁肯不去赞美，更不要夸大其词，口无遮拦瞎赞美。

2. 不到处施以赞美之情

赞美客户，一定要能够使对方感到珍贵，让对方觉得你的赞美来之不易。也就是说要让自己的赞美更有价值，因此销售人员在面对客户时不能滥用赞美，不能像暴发户花钱那样，大手大脚地扔得到处都是。正确的做法是，适时适地，根据对方的心理需求，恰如其分地给予，这样才能起到应有的效果。

3. 注意遣词造句

赞美的精髓在于用词，词用得好就很容易做到恰到好处。像那些粗浅的溢美之词最好别用。孔老夫子有句话："巧言令色鲜矣仁。"可见，千万不要让自己的赞美陷入阿谀谄媚、俗不可耐的泥潭。

赞美是一把双刃剑，能增进人际关系，赢得别人的尊重，也会破坏人际关系，被认为是过于虚伪或别有用心。所以，赞美一定要恰到好处，掌握好尺度。否则，会直接影响沟通的效果。记住，恰如其分、点到为止的赞美才是真正的赞美。使用过多华丽的之词，恭维吹捧，只会使对方感到不舒服、不自在。其结果会适得其反。

小贴士

最真诚的赞美往往是最朴实的、发自内心的。而恭维、讨好会显得过分夸张、矫揉造作。对客户的赞美一定要坚持适度的原则，如果过分夸张，脱离实际，会让对方感觉到你缺乏诚意。

产品展示，介绍词带着事实说

产品介绍是推销中最重要的环节，介绍的效果如何直接决定着客户能否购买。不少销售人员正是不懂得介绍的方法、技巧，那些按部就班、空洞无物的介绍，无法吸引客户。换句话说，在介绍时要言之有物，有足够的亮点去吸引客户。

提前熟悉产品资料，让解说丰满起来

遇到比较在行的客户，他们会问很多比较专业的问题，然而，不少销售人员在专业知识方面都是一知半解，这怎么办？最直接、最有效的办法是尽快熟悉自己的产品，掌握与产品相关的专业知识，这是进行成功推销的前提。

丰富的产品知识一方面可以增强自身的专业性，赢得客户的信赖；另一方面也能打消客户对产品的质疑，产生购买兴趣。

只有了解了产品才能向客户准确地介绍产品，我们来看一个具有特色的例子。

黄油，在欧美是非常受欢迎的一种食物，夹在面包、汉堡里就是一种美食。然而，它最大的不足就是放入冰箱后会马上变硬，再拿出来吃则失去口感，这也使得大多数人不愿意大量购买黄油。

当时，美国一家公司生产了一种盛放黄油的小型储藏罐，能使黄油在冰箱里一直保持松软。上市前，公司上下都对这个新产品的销量非常乐观，充满了信心。但上市后销售业绩并不乐观。为此，该公司派人实地调查，发现原因在于有些销售人员在向客户介绍产品时并没有最大限度地突出这种储藏罐的优势所在。

调查完毕后，公司高层做出决定，产品滞销的主要原因不是产品本身的问题，而是推销员无法很好地将产品介绍给消费者。而后，公司做出指示，要加强对销售人员产品知识的培训，以便让每一个人都清楚地了解这种储藏箱的特性和优势。没多久，这种储藏箱的销售量便有了大幅度增长。

上述案例中，简单而不完整的表述致使很少有客户对黄油储藏箱感兴趣。可见，完备的专业知识，是销售人员应具备的最基本素质之一。没有完备的知识，介绍起来就会显得苍白无力，无法真正与客户展开有效的沟通。

大部分客户在购买产品时需要对产品的性能、价格，以及与同类产品之间的差异等进行详细了解。如果销售人员不能清楚、明白地回答这些问题，客户就会对产品产生质疑。反之，如果熟悉产品，对客户提出的问题给予专业性的回答，则容易令客户产生购买之意。既然从事销售工作，就要成为某一方面的专家。无论是对产品本身，还是与产品相关的其他知识都需要了如指掌。

那么，一个销售人员该从哪些方面做起呢？概括来说，这些知识包括产品本身，公司、行业以及环境、竞争对手等。我们把这些分为两大方面，一方面为产品本身的知识，另一方面为与产品相关的知识。

1. 产品本身的知识

完备的产品知识包括两大方面，第一，构成产品的基本要素；第二，产品的价值取向。

①产品的基本要素包括：产品名称、产品特性（包括质地、规格、材料、颜色和包装）、产品型号、产品性能、科技含量、产品的价格体系、产品的结

算体系。

②产品的价值取向：指的是产品带给客户的使用价值。一般来讲，构成产品使用价值的因素有以下四种：

◎ 产品形象

在众多产品中，产品的形象、市场占有率处于有利地位，这是促使客户购买的重要因素，也就是常说的打造产品的品牌。

◎ 功效比

产品在功效上（或其他方面）表现出的与众不同，也是客户购买的直接原因。如手机配有摄像功能，可以拍摄高清晰画面。

◎ 性价比

通过产品说明书的性能参数可以确定产品的性能。价格性能比是客户确定购买的依据。

◎ 服务

服务，是指整个销售过程中给客户带来的与产品有关的一种享受，而不是单纯的交易行为，包括售中、售后服务。

总之，客户购买产品是由产品的价值决定的，而不是因为一两个方面。不同客户的购买动机有所不同，真正决定客户购买的因素是产品带给客户的利益。

2. 与产品相关的知识

销售人员除了要掌握必要的产品知识，还必须多了解一些与产品相关的信息。这有助于拓宽你与客户之间的沟通范围，让客户对你的信赖程度更高。具体来讲包括三个方面：

（1）行业的发展趋势

了解一个产品，我们首先需要把它放在宏观环境中去分析，行业的趋势决定了产品的前景。在必要的时候，销售人员需要结合市场状况去帮助客户分析、了解。比如，投资收藏、商业保险，等等，客户只有看到远景，才能产生购买的动力。

（2）公司的发展状况

客户对产品的信心，来源于企业的稳定发展，一个在业界声誉良好、运行健康的企业，势必会提高产品的品牌影响力。这也是我们常说的品牌效应，如果你的企业在某方面有突出的优势，千万不要忘记介绍给你的客户，它将是促成交易的非常重要的一个因素。公司发展状况的内容如下表所示。

公司发展状况

类型	含义
公司概况	公司规模、品牌、人数、经营状况等
公司地位	公司在业界是否居于领先地位、与公司排名相近的公司有哪些等
公司经营策略	经营特色、企业文化等
产品定位	公司产品的具体类型或名称等，与同类型产品比是高还是低，以及造成价格差异的具体原因等
产品服务理念	能帮客户省钱、创造效益，还是带来愉悦感，等等

（3）同类产品的竞争

客户在购买某一产品时，总会不自觉地与同类产品作比较。这时，你需要做的是向客户解释清楚，让客户知道自己的产品与同类产品差异在哪儿，优势在哪儿。比较的内容包括：材料、规格、功能、价格、结算方式、服务、品牌、市场占有率、客户满意度等。只有做出全面的比较性分析，才能打消客户的顾虑。

如果能充分掌握以上信息，那么在客户眼中你就是一位合格的销售人员了，他们对你的信赖会进一步增加。拓宽知识面，就能多一条与客户沟通的途径。

小贴士

客户希望与专业性强、知识广的销售人员打交道。所以，一名销售人员必须有过硬的专业知识，对自己的企业和产品了如指掌。因此，在推销之前做好知识储备工作很重要。

善于总结概括，帮助客户尽快了解产品

客户在接受推销时都希望销售人员能提供一些有用的信息，那么，是不是应该把所有信息都一五一十地讲给客户呢？显然是不行的，因为大多数客户根本不会听你长篇大论，过于啰唆不仅不能吸引客户，反而会使客户反感。

从这个角度来看，介绍产品的语言必须简单明确，高度概括，以让客户在最短的时间内了解产品。

两位制造设备的推销员，负责向一家大工厂进行推销，第一位推销员来到客户办公室开始推销。他向对方讲了很多，包括产品的性能，用途、质地以及维修、保养知识等。对方是一位50多岁的老客户，根本无法理解他所说的一切。结果，尽管他滔滔不绝讲了很多，终究没有令客户动心。

第二位推销员来到客户办公室，他没有不停地介绍产品，而是微笑着问："林师傅，我知道贵厂的设备条件非常好，我只是想了解一下，您在工作中还有什么困难吗？"

客户叹了口气说："你说的对，现在的条件是有了很大的提高，我们的设备也不少，但是大多耐用性较差，使用周期大大缩短，我一直为如何提高利用率问题而困扰。"

听到这个问题后，他什么也没说，马上拿出一份资料，对客户说："这是我们公司一份产品资料，这里有如何能提高使用效率的详细方案，您不妨了解一下，希望对您有帮助。"

客户接过这些资料看了起来，也正是这次交谈促成对方决定在他这订了一大批货。

同样的产品，同样的客户，为什么会出现截然不同的结果呢？最重要的是推销人员语言表达能力的差异。普通销售人员在表达上主次不清，冗长繁杂，容易造成客户在接受信息时的错乱，而优秀的销售人员懂得用最简单易懂的语言来吸引客户的注意力。

运用简洁、朴实的语言，简明扼要地介绍产品，是销售人员语言表达能力的基本要求。因为任何一个产品都会具有多方面的信息，但这些信息并不是所有的都是客户需要的，有些信息反而会干扰客户的购买。销售人员的任务就是把客户最需要的信息透漏给对方，不需要的则屏蔽掉。

所以，销售人员在向客户介绍时有必要认真思考一番，在已掌握知识的基础上认真总结，将客户最需要的信息传递给他们。做到这点需要按照以下两点进行：

1. 有清晰的介绍思路

向客户介绍产品首先要做到心中有数，先介绍什么，后介绍什么，哪些需要详细介绍，哪些需要一笔带过，一定要有个明确的思路。有很多销售人员面对客户时心中一团乱麻，思路不清，所表达的内容也含糊不清，还没开口自己就乱了阵脚，如何让客户听明白？

优秀的销售人员总是能够有条不紊，娓娓道来，这源于超强的基本功。也就是说，销售人员在推销产品过程中必须保持清醒的头脑、明晰的思路，来引导客户喜欢上产品。

2. 以客户喜欢的方式去交流

对于客户十分感兴趣的话题，销售人员一定要通过对方喜欢的方式去介绍，只有双方进入谈话的状态才能达到效果。如果销售人员总是习惯用自己的语气、自己说话的方式来交谈，很有可能会使对方有不被重视的感觉。因此，在与客户进行沟通之前，销售人员要随着谈话的进程，随时调整自己的谈话方式，这样在沟通过程中才能有的放矢。

作为一名优秀的推销人员，要学会用自己的思维去控制客户，在谈话中掌握主动权。否则，就不能将局面引向对自己有利的方向。大量实践证明，巧妙的语言表达完全可以使形势发生逆转。

小贴士

简单、精练的介绍需要销售人员不断总结、不断思考。平时把重点内容标出来，在谈话过程中突出重点。值得注意的是，简单清晰地表达，并不是为了追求简单而断章取义，致使客户无法完全了解产品信息。

正确用词，向客户准确表达

有不少销售人员在介绍时用词不够准确，不够缜密，常常带有“可能”、“应该”、“也许”等不确定性的字眼。自己都不确定，客户听了会怎么想？为了给客户更多的信赖感，销售人员在措辞上必须力求准确无误地传递产品信息。

然而，向客户准确地表达并不是一件容易的事，许多销售人员自认为表达能力很好，但在实际推销中经常遇到想说但说不清楚的事。

小张是某公司的一位刻录机推销员，他在向客户推销产品时，提到了刻录速度快，由于表达含糊不清让客户产生了怀疑。客户问：“你们这台机器比其他的贵出两倍多，有什么突出的优点吗？”

小张：“我们的产品刻录速度非常快，目前在国内属于一流。”

客户一听就感了兴趣：“真的吗，有多快啊？”当这位客户问他具体标准时，小张说：“好几倍。”

“到底是几倍呢？”

“可能是5倍吧，我再给具体核对一下啊。”

客户最终放弃了购买，摇摇头转身就走了，小张追上去几次都没挽留住。

其实像小张这种情况很多，这与对产品的了解程度有关，也与平时不良的说话态度、说话习惯有关。但不管什么原因，在与客户交流时都不应该含糊不清，用词不准确。这对双方都是不利的，一方面影响到自己的声誉，另一方面会给客户带来很多不便，引起客户更强的不信任感。

不同的行业有不同的专业用语，不同的专业用语包括很多专业性的词汇，这些词汇晦涩难懂。对于销售人员来讲也许并不是什么难事，但对于普通客户来讲却并不很好理解。再加上有的销售人员说话常有不负责任的态度、不良的习惯，误解也在所难免。所以，销售人员要在表达的时候要规范、准确、灵活地用词。

那么，具体来讲，销售人员该如何才能做到准确地表达呢?

1. 培养销售人员表达的专业性

销售语言是一门专业性非常强的语言，介绍产品使用的语言会受到很多规则的限制，在措辞上要力求精确和专业性。避免产生歧义，令人误解。

表达的措辞不同就会产生不同的表达效果。销售人员应该学会因时、因地、因人地选择合适的词汇。

2. 培养负责任的说话态度

销售人员在与客户沟通的时候，要有一个正确的态度。因为一个人说话时的态度在某种程度上决定了一个人用词的准确性。比如，一个思想消极、自信心不强的推销员很可能习惯使用一些消极、否定的词语。这是一定要避免的，遇到这种情况，最好将之转换成更为积极的词汇和肯定的语气。

客户问："你们能不能保证星期四发货?"就应该斩钉截铁地讲："可以，绝对可以，没问题。"这样才可以进一步强化客户的信心。

对于自己实在不清楚的东西，要找到正确的答案以后再告诉客户，千万不可模棱两可。从客户方面来看，大部分客户希望感受到销售人员坚决的态度、肯定的语气。销售人员的任何一点犹豫都可能会让客户失去对你的信心。如果你在说话时躲躲闪闪、犹犹豫豫，客户如何对你有信心？

3. 养成良好的表达习惯

在交流中，不只是你要讲明白，关键是要让客户方听明白，这依赖于表达的准确性和严密性。然而，这不是一朝一夕就能练就的，靠的是日积月累的经验。因此，对于销售人员来讲，一定要善于从推销实践中总结经验，揣摩每个关键词在特定场合中的含义。同时，要养成良好的思考习惯，细心体会对方说话的意图，以便于做出应对。

比如，有时候，在客户表述自己某些想法时信息可能有点混乱，甚至因为用词不恰当，无法很好地表达清楚。此时，销售人员就要根据对方当时的心情，用更准确的词语加以确认，只有得到对方认可，才可以进一步交流。否则，双方的沟通将会发生偏差，这样，推销也就失去意义了。

> 小贴士
>
> 用词缜密，表达准确，不是用嘴巴说，更重要的是要用脑子想。只有经过深思熟虑之后，才能更准确地表达自己的意思。值得一提的是，强调用词准确和缜密，是需要结合当时场景，灵活应用，千万不要陷入抠字眼的误区。

利用促销道具，拓展双方交流范围

商场里，超市里，我们经常能看到“买一赠一，买二赠一的”的宣传海报；在产品展销会、促销活动上，我们也能看到各式各样的演示道具、赠品等。其实，这些都是促销道具，巧妙地利用这些“道具”可以很好地与客户展开交流，营造一个良好的谈话气氛，推动销售活动的顺利展开。

“促销道具”是拓展销售人员和客户交流的一种重要工具，有经验的销售人员在向客户介绍产品时会巧妙地利用身旁张贴的道具、海报、LED 演示道具、赠品，以及 POP 夹子等来打开话题。

刘骏是一家汽车销售公司的推销员，一位女客户来买车，他向客户介绍，结果都不满意。

刘骏："小姐，这款车是今年最流行的款式，要不您了解一下?"

客户："据我了解这款车是商务车。"

刘骏："那您买车主要用途是……"

客户："外出旅游。"

刘骏："您是想买一款跑车，新推出的这款车就是典型的运动版的，您看，车头，车尾，它在普通款的基础上新加了一些运动新元素，既大方又时尚。"

客户："我担心它的性能不及跑车，毕竟目前出了问题比较麻烦。"

刘骏："这您放心，这款车上市以来已经得到了市场的考验，是今年最畅销的一款，而且这款车正在优惠中，可以免费得到一张我们公司十年店庆的门票。"

客户："店庆门票?"

刘骏："是的，到时候国内很多明星大腕都会来助演，您看看这张海报，届时影视名人××将成为我们的代言人。"

客户一听××明星是熟悉的人，心头的疑惑也打消了不少。就这样，利用明星效应刘骏打开了客户的心结，第二天店庆大会上双方顺利成交。

为了更好地宣传品牌，展示产品，扩大产品在客户心中的影响力，有时候必须借助一些"促销道具"。这些"道具"能增加产品的附加值，每一个"道具"在某种程度上都可以作为一款商品的附加值，例子中的这位推销员就是利用宣传海报，引出了名人代言的话题，从而打消了客户的忧虑。

销售人员在推销之前，要有意识地准备一些有利于促进销售的"道具"，或者有意识地将客户向这方面引导。那么，常见的促销道具有哪些呢?

◎ 宣传资料：海报。

◎ 标价牌：翻价牌。

◎ 资料架：展架、展示货柜、POP 夹子、台式落地 POP 架、拉网式展架。

◎ 促销台：功能演示牌、LED 演示道具、产品演示道具。

◎ 销售助手：与推销有关的人员。

要想使这个附赠价值得到最大化的体现，销售人员在选择“道具”上还应该注意一些事项：

①现场推销，要与当时的情景相结合，以能体现现场气氛的原则为主，利用气氛助长购买激情。

②与主产品相关联。“道具”是为了加深客户对主产品的印象，提高主产品的知名度。所以销售人员在选择“道具”时一定要选择与主产品相配套、关联比较紧密的东西。如果促销“道具”和主产品毫无联系，就很难起到相应的作用。

比如，推销一台笔记本电脑、高档手机、游戏机的时候，赠送一款迷你的应急充电器。这个“赠品”的作用就充分显现出来了，既弥补了商品耗电快的缺陷，解决了充电麻烦的烦恼，又提高了客户对公司、对产品的美誉度和忠诚度。

③精美而有创意，紧扣客户的消费点。好的促销“道具”可以帮你说服客户，比如在实用以及保证质量的基础上，设计再能够精美而有创意的话，客户会更喜欢。

④赠品质量一定要过关。赠品在大多数消费者心目中都有质量次的不良印响，这是因为大部分商家常常用一些劣质的商品来骗取客户一时的信任。但是，销售人员要注意，提前准备的一些促销“道具”可以是一些小商品，但质量一定要过硬，劣质赠品不如不送，一旦让客户察觉，反而让客户会对你的主产品产生怀疑。所以，即使是一些附赠品也要质量过硬，与主产品保持一致。

小贴士

不同的道具对客户的暗示作用是不尽相同的，选择“道具”、利用好“道具”是重要的技巧。在销售过程中，若能灵活运用，往往会收到意想不到的效果。

融进产品故事，让自己的表达更有趣

与客户沟通不能只停留在产品的表面上，而是要挖掘产品的内在，以更好地触动客户的内心感情。讲故事就是一种非常好的方法，因具有生动性、有趣性，在很大程度上能引起客户的共鸣。

我见过不少销售人员介绍产品就像小学生背诵课文似的，一板一眼，毫无感情，枯燥无味，完全不顾及客户的内心感受。试想，这样的介绍方法，客户怎么能听进去呢？不要简单地认为，只要对产品知识了如指掌就可以很好地将其推销出去，若没有高超的沟通技巧，客户是很难认可你的产品的。

如果你与客户的沟通陷入僵局，不妨给他讲讲故事，一来可增加谈话的趣味性，吸引客户的注意力。二来还可以增强客户对产品的认可程度。

刘辉是一名手表专卖店推销员，一天他向客户杨先生推销手表。客户在选表区看了很久，劳力士、卡地亚、朗格、伯爵等著名品牌都没看中，转来转去，一脸迷茫。站在一旁的刘辉看在眼里，心想，这位客户到底想要什么样的呢？想到这他决定过去与对方谈谈。

刘辉：“先生，伯爵这款手表款式新颖，档次上乘，很适合您啊。”

客户：“送老母亲的礼物，这些新潮的款式有点不大合适吧。”

刘辉：“原来是这样，老人用这个牌子的比较合适。”

听到这里，刘辉迅速做出了以下几个判断：客户的心理需求倾向于情感方面，同时对牌子的名气也非常看重。这时，他向这位客户推荐了梅花牌手表。

客户有些疑惑地问，“我以前没怎么听说过这个牌子啊？”

显然，客户对梅花牌手表的来历不太了解。于是，刘辉说：“可能我们这一代人很少听说吧，但在老年人眼里这可是名表的代名词啊。这个品牌是瑞士一家典型的传统品牌，英文名字‘TITONI’。自1919年创立以来已经有九十多年的历史，以精致、可靠、耐用著称于世。20世纪50年代传入中国，命名为‘梅花表’，这也是我国引进外国手表最早的品牌之一。戴上这样一款手表，既能显示出尊贵的身份，还有点怀旧情怀。”

客户：“这个牌子没听说过，不过听你这么一说正好符合了我的心理期望。”客户很快喜欢上这款表，并决定购买。

例子中的刘辉，在客户疑惑之时讲了梅花牌手表的故事，从而让客户改变了对梅花表的看法。这说明，销售人员向客户推销时利用讲故事的方式的确有利于激发购买欲望。

当客户在决定购买产品之前心里会有反复权衡，这更多的是一种顾虑，欲消除这种疑虑，就需要进一步坚定其购买信念。讲故事是最好的方式，通过故事可以让客户对品牌有更多的了解，促使客户下决定购买。

值得一提的是，讲故事也必须要围绕产品来讲，不能找一些与产品无关的事来说，可以简单地分为以下几种：

1. 品牌故事

每家企业、每个品牌都有自己的故事，比如，海尔、蒙牛，每当人们提起都会想到与之相关的很多故事。讲讲这些故事，能大大增加客户对产品的情感。这便是“故事的力量”，故事的力量是巨大的，一个产品品牌的知名度、美誉度全靠故事来衬托。我们知道，很多客户购买一款产品就是冲着“品牌”去的。销售人员若是能够结合故事让他们了解到这个品牌的过去、现在和将来，会更进一步加深客户对产品品牌的认识。

2. 产品故事

同样的产品会因为介绍方式的不同，呈现出精彩或者平淡。那么，产品的生命是哪里来的呢？就是它背后的故事。一名优秀的销售人员卖的不是产品，而是买卖过程中蕴含的情感。任何一位客户在购买时，他的内心深处都有最独特的情感体验，销售人员必须赋予冷冰冰的产品以更多的情感，这需要销售人员知道每款产品背后的故事，正是这些故事赋予了产品以生命。

3. 服务故事

商品竞争越来越激烈，客户购买某产品绝不仅仅因为它的质量好，而是与之相配套的服务。那么，一名销售人员如何来体现自己的服务水平呢？除了规范的服务礼仪和服务流程外，也要学会讲故事。比如，向客户讲解自己服务的过程，曾经的荣誉等，通过你的讲述让顾客感觉一开始就找对了人。

以讲故事形式推销，最大的好处在于能与客户形成互动，分享得越多，客户参与度越高；参与度越高，对方对你就会越信任。通过这样的一个过程，客户和销售人员很容易建立起融洽的关系，有助于成交。

小贴士

在枯燥无味的讲解中融进些生动有趣的小故事，能大大增进客户对产品的接受程度。但在推销前要提前准备即将讲的故事，必要时可多备份几个，以便根据客户的现场变化、客户的个人偏好和乐趣进行有针对性的选择。

运用成功案例，增强话语的说服力

很多销售人员在与客户交流时看似夸夸其谈，实际上空洞无物，从而使得客户在倾听过程中心生厌烦，最终导致推销失败。其实，只要在交谈时多讲一点事实，就可以增强说服力。事实胜于雄辩！做任何事情都必须讲究事实，只要有根有据的事实才能打动人心，令人折服，做销售也一样。

在向客户介绍产品时，要善于讲道理、摆事实，用事实说话。

比如，你向病人介绍一款保健产品，如果运用另一个病人的成功案例，远远要比一味地介绍产品的功效好得多。因为对病人而言，他关注的只是疗效，只有让他看到效果才能动心，身边那些实实在在的例子更有说服力。

同样的道理，如果你向某理发店老板推销护发素，那么影响他的一定是使用过该产品的同行的意见。因为人们喜欢按相似环境、场合或情景下的规范做事。会认为："既然同行评价这么好，我买来用也会不错的。"

可见，运用成功案例更容易说服客户，并能迅速打消对方的疑虑：大部分客户在购买一款产品时都会有某种担忧，而相关人的行为在某种程度上可以增加他们的信心，让他们觉得会更值得购买。

另外，成功案例还能有效地降低客户承担的购买风险，为客户找到心理慰藉。需要注意的是，销售人员在向客户陈述一个事实时不能过于随意。一般来讲，需要符合以下四个特征：

1. 用生活中的真实场景

运用成功案例最基本的要求就是真实性，只有真实的案例才更有说服力。然而，有的销售人员在向客户摆事实时虚构的成分比较多，或者捏造事实。这样只要客户稍加推敲，就可以发现其中的破绽。

可能会有人问，那么如何来获取真实的案例呢？其实，最大的来源便是生活实践，销售人员要善于观察，善于总结，把他人或者自己的经验总结出来，客户身边的人，熟悉的人，或者不熟悉但在社会上名气较大的人等，这些人物的案例都容易引起客户的共鸣，转化为推销案例。

2. 围绕"产品"展开

销售人员在列举案例时必须要注意与主推产品的关联性，任何例子都必须围绕"产品"展开。一旦脱离这个主题将失去一切意义。有的销售人员一开口便滔滔不绝，仔细琢磨发现它们都是些与产品无关的话题。这样，即使他说的全是事实也未必能打动客户。

3. 有具体的细节

特定的细节能使案例更具有说服力，比如，讲到洗发液你可以说飘柔；讲到航空公司时可以说东航，具体的细节会成为销售中的点睛之笔，也能加深客户的印象，使客户更容易理解你所说的。

比如，销售人员在向客户介绍某灯具无辐射性时，就特意加入了自己曾体验过这一细节。“我们的灯具无辐射、无眩光，从不会对眼睛造成伤害。您看我大部分时间都在店里忙活，从没有被电子镇流器辐射。”以亲身经历突出了灯具的无辐射性。推销员这样的说法，要比干巴巴地说“自己的产品如何好”效果要好很多，也更容易让客户相信。

4. 针对不同客户量身定做

选择的事例要与听众的水平、经历、职业和年龄相吻合。因为，每个人的理解能力不同、所站的角度不同，理解起来也会有偏差。

列举成功案例来对客户进行说服，有利有弊，关键在于销售人员如何把握。运用得好可以锦上添花，运用得不好则会给顾客留有“王婆卖瓜，自卖自夸”的错觉。所以，销售人员在运用这种方法时一定要注意时机，恰到好处。

小贴士

事实胜于雄辩！做任何事情都必须讲究事实，向客户推销产品也一样，要多用事实。尤其是在与客户产生分歧，遭到客户的拒绝时，如果你能运用双方共同认可的事实作依据，就可能扭转客户的心意，完成产品的销售。

提炼产品卖点，进行有针对性的介绍

销售人员在介绍产品时必须抓住产品的特点，进行有针对性的介绍。这也是我们常说的找“卖点”。在营销学里，产品的“卖点”是指产品所具备的前所未有、别出心裁或与众不同的特色、特点。

每个客户的需求不同，而产品的特性却相对固定的特点，决定了销售人员不能依靠这些固定的“卖点”来吸引客户。

李静是某家具企业市场部主任，每推出一个系列的新产品，她都要将产品的卖点归纳出来，然后整理成文字，提供给一线销售人员。据她自述，这是一项最令人头疼的工作，有时，产品卡在那里三天也找不出一个卖点，工作陷入停滞。若是找不出一个好卖点，销售人员在销售产品时也会有困难，经常是讲几条就讲不出来了。所以，给产品找卖点是个非常让人头痛的事情。

产品的卖点通常来自两个方面，一方面是产品与生俱来的特性，另一方面是通过销售人员的想象力、创造力总结出来的。

产品与生俱来的特性包括质量、价格、功能、品牌、质地以及风格等。这些都可以成为产品的“卖点”。

在推销实践中，单纯地依靠产品本身的卖点进行推销是不够的，应该在此基础上采用第二条途径，即根据实际情况去提炼。若想分析出一款产品的“卖点”是否能够吸引客户，不仅需要紧紧抓住产品的特定，还需要充分调动能动性，发挥想象力并善于总结。

销售人员可以结合以下三点来分析：

1. 客户需求

所谓的“卖点”只有符合了客户的心理期望才能得到最大体现。所以销售人员在总结前一定要先了解客户的心理需求，结合客户的实际情况进行有针对性的介绍。这里提供一个小方法，有利于销售人员在最短的时间内抓住卖点。

一般来讲，面对某一产品，客户关注的心理变化是从外到内。比如，风格——设计——颜色——材质——工艺——品牌——功能。我们一定要理解这个顺序，根据这个先后顺序去找对方最关心产品的哪些方面。

2. 产品自身

销售人员在提炼产品“卖点”时要遵循一个原则：体现出产品的“最大优点”，人无我有，人有我优，人优我特。通过体现产品的优势，规避劣势，引导客户去购买。自己推销的产品比别人的好，一定要让客户知道。

比如，海尔冰箱最大的卖点在于“海尔”这个牌子，所以无论什么情况下都要把品牌作为介绍中不可或缺的一部分。而一套红木家具最大的优势是收藏价值，只要你把未来升值空间作为卖点，就成功了一半。

3. 推销技巧

产品的“卖点”能否在最大程度上得到客户的认可，与销售人员的推销技巧也有很大的关系。在推销过程中，很多客户并不关注销售人员“说什么”，而是在意“怎么去说”。也就是说，同样一款产品或一项服务，你的描述方式不同，展示给客户的印象也不同。这便是由产品的“卖点”不同而造成的。

因此，销售人员需要不断学习，对产品多一些了解和研究。只有掌握更多的知识，提高推销技巧，才能更好、更快地说服客户。

> **小贴士**
>
> 提炼产品“卖点”不是一朝一夕就能完成的，而需要在销售实践中不断总结，不断摸索。所以，销售人员平时要多积累，多总结，在产品中找到更多的“卖点”，形成一套适合自己的话术，满足客户的不同需求。

突出产品“亮点”，创造客户新需求

有很多青年男女周末爱逛商场，走进商场的那一刻本没有什么购买计划，当走出商场时往往左手大包，右手小包，拎一大堆。期间发生了什么？无疑是导购员的推介使他们产生了新需求。比如，某件衣服正在打折，物美价廉，很容易使路过的客户产生购买欲望。

大部分客户在接触一个产品之前，并不清楚自己内心真正的需求，不经过思考就习惯性下结论，直接拒绝。其实，如果你能让他们对产品再多一些了解，很多人会改变最初的想法。

农民买高档礼服，简直是无稽之谈，因为农民根本没这种需求，没有任何一农民会买高档礼服。然而，有这样一位推销员就做到了：

推销员敲开了一位老农的家门，老农非常惊奇：“您到我家来干什么？”

“老伯，我今天来是请您看看这套礼服。”

“你有没有搞错？像我这样的人只穿普通的衣服，也许一辈子也不需要什么礼服。”

“我知道您一向是这样的，不过这一切将会改变，我听说这里马上要新建一座文化广场。会定期举办一些舞会，到时候您也许会参加，那礼服可就是必备之物。”

“这么说倒也是的，但我不会有太多的机会穿它。”

“那也无妨啊，您就买一件备用，有一件就行了。”

“那就买一件吧。”

这样，这位推销员的一笔交易就做成了。

农民不参加舞会，不出席商务会谈，怎么会需要一套商务礼服。没有任何一名推销员相信农民会买高档礼服，这正如以前我们经常听到的经典案例“和尚买梳子”、“总统买斧头”一样，农民买高档礼服的几率也不会太大。但无论怎样，总有人能做到，这说明不要怕客户没有需求，需求是可以创造的。

作为销售人员，一定要明白销售工作就是要不断创造新需求，通过各种办法去调动客户的购买欲望，一旦确信客户存在潜在需要且存在购买的可能性，或者自己所销售的产品或服务有益于客户，或者能有助于客户解决某种实际问题时，就应该信心百倍地去销售，而不应有丝毫犹豫。

那么，如何来突出产品的亮点呢？可以从以下三个方面入手：

1. 根据产品的特性确定产品的“亮点”

任何产品都拥有自身独特的优势，而这个优势就是最大的亮点，也是诱导客户新需求的重要因素。为此，销售人员一定要明确产品的优势所在，在介绍时利用语言艺术突出产品优势，诱使客户产生购买的欲望。

2. 根据客户的不满确定产品的“亮点”

很多销售人员害怕听到客户的抱怨，害怕听到客户的不满，殊不知正是这些抱怨和不满暴露他们的内心。只要你能紧紧抓住这些抱怨和不满，就能找到激发新需求的突破口。当客户没有任何不满的时候，反而无从下手。

其实，这正是推销的最好契机，因为客户已经知道这类产品，那说明客户对这款产品或者已经有所了解。那么，你不妨换个角度进行推介，比如，同一款衣服，客户首次购买是看中了衣服的款式，而第二次推销可以重点介绍衣服的质地、质量以及其他优势，换个角度也许可以找到新的需求点。

3. 根据原有的需求确定产品“亮点”

有时候，客户会以“我对这个产品十分熟悉”、“我已经买过”等借口拒绝推销。言外之意就是我不再需要这样的产品了。这个时候，很多销售人员会马上停止推销，想当然地认为，“客户既然没有需求了就不会再买”。其实并非如此，有一类客户，当他们认准一款产品之后就会反复购买，之所以会以拒绝的口吻与你交谈，是因为他们希望从自己熟悉的产品中找到新的需求点。

客户没有需求就要制造需求，制造需求在某种程度上就是激发客户潜在的、自身无法意识到的需求。值得注意的是，有些销售人员在寻找客户新需求时出现了强迫推销的状况，制造些子虚乌有的需求，把产品硬生生地强塞给客户。在激发客户需求时，要运用一定的语言技巧善于引导，让客户无形中感受到产品的魅力，自觉购买。

小贴士

推销就是需要不断地激发客户的新需求，从无到有，从小到大，谁能最大限度地激发客户的内心需求，谁就可以真正地打动客户。因此，销售人员在给客户介绍产品时，要着重强化产品的亮点，利用产品的亮点，刺激客户的新需求。

直陈产品带来的利益，有时候会更好

对于任何一位客户来讲，他们最关心的永远是自己从购买中能得到什么利益。从这个角度讲，一个产品的价值就是能帮助客户解决实际问题。因此，销售人员在推销过程中要着重强调产品带给客户的利益，必要的时候可以直接言明，以便更好、更快地吸引客户。

多年的经验告诉我，对于销售人员来讲，很多时候与其花大量的时间与客户进行无谓的沟通，不如直接把他们最需要的东西及时展现出来，一言击中其要害，从内心深处彻底打动对方。

小王是某商业租房中心的推销员，一天一位客户来到公司说想租一个门面。小王领客户看了一遍所有的房源，看后客户似乎都不太满意，最后，索性留下一张名片便走了。

第二天，小王按照客户提供的联系方式打电话过去，说是已经选好房子，约客户商谈这件事，结果这次竟然很快就谈成了。

对小王的速度成交，一位同事感到奇怪，他好奇地问：

“小王，难道你在一夜之间就为客户找到房子了?”

“其实，房子还是原来的房子，只不过我花了一晚上的时间在研究客户到底需要什么。”小王说。

“原来，你昨晚的工作并不是找房子，而是一门心思的研究客户啊。”

“对，我根据白天的谈话，把我们周边地区的房源重新整理了一遍，发现有几处房子是非常符合客户的要求，只不过当时没有很好地深入交谈。”

“你是怎么做的呢?”

“他说，他本是市旅游协会的会长，最近当选为旅游局的副主席，非常热心于出席各种商业活动。我从这些信息中推测，他租房子很可能是为了举办会展，既然这样可能是必须选择在交通便利、商业气息比较浓厚的商业中心地带。而满足这个条件的房源有好几处，我就着重抓住了这几点与其进行交谈，一举拿下。”

“原来是这样的啊。”同事佩服地感叹道。

如何才能瞬间吸引客户的注意力，关键在于紧紧抓住客户的潜在需求，突出产品的优势，只要根据需要把产品能带来的利益亮出来，让客户看到这些利益与自己的需求相吻合，即可产生购买之心。尤其是当遭到客户拒绝时，完全没必要马上放弃，要知道客户拒绝并不意味着产品或服务不达标，有可能是你没有抓住产品的利益点。

那么，销售人员如何向客户展示产品利益呢？包括两方面：一方面要对自己推销的产品非常熟悉，另一方面要时刻站到维护客户利益的立场上，为客户着想。

1. 产品的核心价值

一款产品之所以能区别于其他同类产品，最根本的不同之处在于核心价值不同。简单地讲，就是产品的独特之处，任何一款产品都有自身的核心价值，这也是能打动客户的真正原因。

比如，棉衣的最大作用是抵御寒冷，遮阳伞的最大作用是遮挡阳光……客户在购买此类产品时，最急于知道的是棉衣的保暖效果、遮阳伞的遮阳效果如何。所以，当你在介绍棉衣时只要突出“保暖”，在推销遮阳伞时突出“遮阳”这些利益点即可促使客户购买。相反，你如果大肆渲染棉衣的款式、颜色等，难免会遭到拒绝。

产品的核心价值是最大的利益，是打动客户购买之心的真正原因。因此，销售人员必须明确自己所推销产品的核心价值，并将这个核心价值透露给客户。若想抓住产品的核心价值，销售人员要做到以下两点：

①通读说明书或者搜集与产品有关的信息，对产品有明确的定位；

②应对产品的功能有全面的了解；

③了解产品设计者的想法和对市场未来趋势的判断，有条件的话多与产品设计者沟通；

④配合产品售后的服务，与售后人员时刻保持联系。

2. 结合客户的需求

不同的客户有不同的需求，有的客户重视产品的实用性，有的客户重视安全性，而有的重视美观性。如果客户注重产品的实用性，销售人员就要突出产品的实用性特点；如果客户注重产品的时尚性，推销时则要突出产品的新颖感或时尚元素。

因此，销售人员在阐述产品的利益点时必须对客户需求进行定位。首先对产品、对客户有全面、详细的了解，针对客户的需求来体现出产品的某种利益点。介绍产品的优势时一定要先了解客户的需求，然后根据需求确定所体现的产品优势。

要围绕客户的需求去理解这些产品或服务。比如，了解客户是什么类型，他们迫切需要些什么，他们的支付能力如何。对客户有基本的了解之后才有选择地向客户推销。对这些有大致的了解之后，接下来便可确定推销的重点。

3. 兼顾产品的附加价值

销售人员在一开始时，就要向客户强调产品能给其带来的实际利益。但值得注意的是，这些好处不仅仅体现在产品的核心价值里，它还有很多可利用的附加价值。有的客户就是被这些附加的价值所打动，比如，一条漂亮的围巾，它的核心价值是御寒保暖，但是有些客户把它作为一种装饰用在别的地方也未尝不可。

总之，只要让客户在尽可能短的时间内感觉到产品或服务的物超所值，就可能激发与你继续交流下去的欲望。

小贴士

经过简单的沟通，销售人员与客户之间已经有了初步的了解，对客户的需求也有了明确的了解。这时，不妨直接说出产品的价值所在，让客户明白购买带来的实际好处和利益。

撤退有方法，争取二次推销机会

做推销，没有一个人不遭受客户拒绝的，而且拒绝的理由多种多样。有的可能是客户对你本人不信任，有的可能是对产品或服务存有偏见；有的可能是不愉快的、失败的经历；有的甚至根本说不出什么理由，只是对推销一种本能的抵触心理，等等。总之，任何理由都有可能成为客户拒绝你的借口，面对这些拒绝销售人员是坚守，还是撤退？

有人说应该坚守，因为一旦退出将会永远失去客户，我认为必要的时候还是撤退比较好。因为当客户拒绝的心意已决，已经没有坚守的意义，适时地撤退还有争取二次推销的机会。需要注意的是，这种“撤退”不是一股脑转头就离开，而是需要讲究策略和方法。

一个朋友张露谈起他买房的经历，当他和售楼小姐杀价到400万元还想再往下杀时，对方经理亲自出马了。这时朋友就开始嫌了，嫌房子位置不是很好、周边设置不完善等，并且开始拒绝购买，要回去考虑考虑，毕竟买房子不是马上就能决定的事情。

俗话说，嫌货的才是会买货的人，经理也心知肚明，只是碍于朋友的坚持，对方没有再硬性推销。就在客户临走之前，对方突然开口同意优惠10万元，以390万元成交，但有一个条件就是必须当场做决定。

经理很坚决，如果回去了隔天再来优惠价就免谈，也就是说，出了这个门再回来价钱就回到400万元，朋友迫于情势，当场决定买下来。毕竟有被经理强迫的感觉，事后感觉不愉快，但问他后悔不后悔，他说不后悔！问他贵不贵，他又说不贵。附近的房子都要价四五百万元，这房子质量好、价钱优。

朋友为什么突然改变主意，当场购买了呢？最直接的原因就是对方最后提出优惠10万元，这不正与自己的初衷不谋而合吗，嫌东嫌西就是为了获得更大的优惠。

从这个案例中可以看到这位推销员的收尾技巧，在客户坚决拒绝购买之时并没有硬性地推销。而是想与客户建立长远的关系，在收尾时就要利用优惠让客户感到开心。换句话说，就是不要将自己的后路堵死，为下一次推销留有余地。

其实，这牵涉到一个底限的问题，撤退要留有底限。在客户只差一小步就下定决心购买时，与其直言不讳地跟他说“你签订单吧”，不如采取以退为进的手段，让客户多捂几个小时口袋中的钱，期间，则利用各种手段诱导客户下次购买：常用的收尾技巧有以下四种：

1. 化大为小，从小问题寻找突破口

人们在做出一项较重大的决定前往往会瞻前顾后，犹犹豫豫，但在做一项较小的决定则不会有那么多的顾虑。按照这个思路，如果将一个重大的决定切割为若干小决定，从较小的问题着手则不容易遭到拒绝。

比如，当客户尚在犹豫时你直接问：“您准备签订单吗？”客户通常不会给你明确的答复，说不定还会直接拒绝。但如果将这些问题切割为几个小问题：比如，

“先生，我帮您拿到柜台去好吗？”

“是马上付全款，还是预付？”

“你看是自己带走，还是帮您把货送到家？”

这些较小的问题更容易引导客户下定最后的决心，他会半推半就地就买了。

2. 旁敲侧击更有效

有些客户只是随便看看，有的是真心实意买的，有的是给别人参考的。很多时候，我们无法很清楚地判断客户的意图，如果直接询问对方是否购买，那些没有明确购买意图的人势必会拒绝你，在这种情况下，旁敲侧击比直白地说更有效，应采用旁敲侧击的方法来逐步探寻客户的心思。

比如，“刘小姐，这套化妆品对改善肤质会有很大帮助，不是吗？”“路经理，购买我们的产品对提高贵公司的管理效率有很大帮助，对吗？”如果客户给你的是一个肯定性的答案，恭喜你，你可以不必跟他重新介绍，而是快刀斩

乱麻，跟他谈成交的事宜了。这种较为委婉的询问方式，可以最大限度地探知客户的“内心深浅”，为以后的推销辨明方向。

3. 适时地催促

由于这样或那样的原因，有些客户不知道该买不该买，不过这类客户还有一种心理：即在拒绝的同时又害怕买不到。犹豫不定正是这类客户的心理状态，销售人员可以利用这种心理给他们适当的催促，暗示商品非常畅销，如果不及时行动将会失之交臂。

比如：“这种产品销售得很好，只剩下最后十件了，而且短期内不再进货，如果您现在不马上买的话就买不到了。”

或说：“今天是优惠价的截止日，请把握良机，错过这个村就没有这个店了。”

与此同时，把订货单递过去，对方一松懈就可能签单，销售也就成功了。

4. 给客户提供参考

如果客户想购买你的产品但又不清楚效果如何，这时你可以建议他先买一点试试，如果用着不错可以再回头多买，只要你对产品有信心，肯定会从这样的客户那儿拿到较大的订单。

给客户提供参考也是收尾的关键，许多客户已经有了购买意向，但由于有所顾虑不会马上做出购买决定。这时，可暂时回避签订单的问题，转而热情地帮助客户在这几方面做出明智的选择，一旦这些问题解决了，成交也就顺理成章了。

小贴士

谈判的收尾大有技巧，可谓千钧一发，千万不能在最后的环节掉链子，客户举棋不定，无法作出合理决定时，销售人员即使决定放弃，也不要忘记趁机利用技巧引导他们，力争促成交易。

化解异议，拒绝语绕着弯子说

有人说，做销售都是从拒绝开始的！这不仅要求销售人员能大度地接受来自客户的拒绝，更重要的是会巧妙地化解异议。然而，客户提出的异议往往千差万别，错综复杂，这就需要掌握必要的化解技巧。

不需要，别再说了——凸显优势，激发需求

我曾针对很多一线销售人员作过调查，问：“你们被客户拒绝理由最多的是什么?”大部分人表示客户没有需要。“没有需求”已经成为客户拒绝推销最常见的理由。然而，更可悲的是当客户这样说时 90% 的销售人员就干脆停止推销，如果对方仅仅是一种拒绝的理由的话，将会失去很多机会。

客户之所以这样说，主要目的有两个：第一，对你和对产品不信任，第二，这是惯用的一种谈判手段，企图以此获得更多的获利筹码。每个客户潜意识里都有某种需求，而且谁也不会把这种需求直接表达出来。如果你的产品有足够亮点的话，那么，客户的需求顺理成章地就被激发出来了。

因此，销售人员在进行推销时关键是要学会激发客户的潜在需求，优秀的销售人员善于挖掘客户的内心需求，没需求也要制造需求，化不可能为可能。

赖斯是美国某著名保险公司的推销员，一天他去拜访客户英斯劳特先生。

“先生，您能否给我一点时间，允许我为你讲讲关于人寿保险的事情呢？”

“我不需要，跟我谈保险是浪费你的时间。”英斯劳特不耐烦地说道。

赖斯还想解释什么，对方似乎十分恼火：“你都看到了，我现在已经70岁了，保险对我还有什么用处？”

显然，客户对保险的认识过于肤浅，赖斯已经意识到了这个问题。于是将话锋一转：“英斯劳特先生，像您这样有生活情趣的人，希望度过一个什么样的晚年？比如，您钟爱的慈善事业。”

“我当然希望自己钟爱的慈善事业越来越好。”

“那您没有什么担忧吗？”

“我担心百年之后还能否继续下去，我曾想过把这个事情交给一个机构去做。”

“如果有这样一个机会，你愿意把握吗？”

当赖斯讲到这时，对方已经有了进一步了解的欲望。赖斯看到客户若有所思的样子，便趁热打铁地说：“英斯劳特先生，我们的寿险可以代您运作所有的事情，保证您的慈善资金正常运转下去。前提是你必须成为我们的签约客户”。

一席话立刻使英斯劳特老人动了心，于是开口说：“这个建议听上去很不错，不过这件事对我很重要，你们有更详细的方案吗？”

感到时机已成熟，赖斯马上把投保的详细资料拿出来。英斯劳特看后很满意，很快就答应签订合同。

由此可见，很多时候客户是否“有需求”，完全是销售人员通过自己的语言激发出来的。正如例子中的这位客户，在接触保险之前完全不清楚自己有需求。如果不是赖斯做进一步的引导，该客户也不会购买。

因此，当客户提出“不需要、没需求”这样的拒绝理由时，销售人员既不要强行逼问，更不要干脆离开。正确的做法要像例子中的赖斯一样积极引导，努力让客户开口，抓住突破口去激发客户的潜在需求。

为了更好地对客户进行引导，挖掘潜在需求，销售人员应该学会从以下两个方面入手：

1. 突出产品优势，诱发客户的需求

我们多次提到，产品的优势是诱发客户需求的重要因素，当客户以没有需求拒绝时要想办法从产品本身入手，找到产品的优势所在，利用优势去促使客户下决定。就像推销保险一样，你不能单单告诉客户保险能提供生活保障，安全保障等常规功能。它的一些特殊功能对客户来讲更有吸引力，比如，用于投资、资金代理，等等，这些特殊的功能对客户会有更大的触动。

因此，面对特定的客户，销售人员要学会利用产品特性、优势去吸引对方。比如，你可以像例子中的这位推销员这样回答，那就可以突出保险的“资金代理”功能：

客户：“你都看到了，我现在已经70岁了，保险对我还有什么用处?”

赖斯：“英斯劳特先生，像您这样有生活情趣的人，希望度过一个什么样的晚年？比如，您钟爱的慈善事业。”

2. 从客户的拒绝中寻找新突破口

当遭受客户拒绝时还有一种很实用的方法，即将计就计，利用客户的拒绝或不满，寻找新的突破口。

客户：“你看我现在都70多岁了，买保险还有什么用处，现在不需要。”

销售人员：“天有不测风云，危险无处不在，每个人都需要规避风险。也许你现在一没病，二没灾，无法感受到保险的作用，但是保险人人都需要，是保障一个人未来的，您所说的不需要倒是把我弄糊涂了，您能说说具体的理由吗?”

或者这样说：

销售人员：“我不知道您现在是否需要保险，但我敢肯定的是未来你一定会需要。其实保险就是提供给您这样一个赢得保障的有力工具。购买一份保险

也是对自己以后的生活多一份保障，您说呢?”

销售人员应该注重客户每一个拒绝和抱怨，然后把这些拒绝和抱怨清晰地记录下来，并加以分析。只有接受客户的拒绝和抱怨，才能更准确、更及时地发现他们的新需求。

小贴士

当客户提出“没需求、不需要”这类拒绝要求时，销售人员一定不要轻易放弃。相反，要利用产品优势，寻找与客户继续交谈的机会，从而重新激发起客户对产品的需求。

很忙，别浪费时间了——提出问题设置悬念

“忙”或“没时间”也是客户常用的拒绝理由之一。比如，“对不起，我现在很忙”、“我正准备去开会，没时间”、“今天太忙，改天再约吧”，等等。相信这些话仍在很多销售人员的耳边回荡，看似信手拈来的话却成为不少销售人员一堵不可逾越的墙。

客户：“我这段时间比较忙，没有时间。”

销售人员：“林先生，我知道您非常忙，毕竟是事业有成的人嘛。这样好了明天我们约个时间共进午餐，利用午饭时间谈谈合同怎么样?”

客户：“明天中午恐怕不行。”

销售人员：“那什么时间方便呢？如果您太忙不能外出，我就带资料亲自拜访。”

客户：“谢谢，我最近几天都忙，改天再说吧。”

销售人员：“林先生，您工作繁忙我特别能理解，所以也不想耽误太多的时间，今天正好拜访贵公司附近的一位客户，我们可以利用几分钟的时间交流一下。另外，我们公司得到一批关于技术方面的内部资料，我可以为您准备一份，相信对您一定有所帮助的。您看我们是约在上午还是

下午？”

客户：“既然这样，就上午10点之前过来吧。”

销售人员：“好的，那回头见。”

上述事例中推销员成功地预约了繁忙的客户，我们暂且不论对方是否真忙，但就凭这位销售人员天衣无缝的对话，即使客户真的有事也必然会抽出几分钟的时间来接待。其主要原因有以下两个：第一，对方一再强调不会耽误太多时间。第二，对方摆出了会见可能带来的利益。

如果能使客户感到有相见的必要，那么，他们再忙也会挤出时间来。从这个角度看，客户通常说“太忙”、“没有时间”全是借口，就是认为与你相见没有必要，或者希望通过这种方式来拖延，以便做其他决定。那么客户为什么会这么想呢？我们先来分析，主要有两个原因：

一是客户的排斥心理。电话推销，上门推销……几乎每个客户都遇到过，有的甚至一天要接待好几个，由于怕别人打扰，无意识地将注意力集中在了“如何摆脱推销”，或者“如何尽快结束话题”上。带着这种排斥心理，一旦有人推销便习惯性地拒绝。而没时间、太忙等有关自身安排的事情又是最好的拒绝理由之一。

二是客户认为你提供的信息对他没有任何价值。很多销售人员面对客户，一上来就是滔滔不绝地说半天，结果对方什么也没听明白，无奈之下才不得不以“没时间”拒绝。如果你是个有心人，应该意识到客户是在听了你的介绍之后才说没时间的，这非常明显地表明他们还是有需求的，拒绝只是个幌子。

明确了客户拒绝的原因，我们也就能从容应对了，当客户对我们说“没时间”时，千万不要被动等待，更不要直接放弃。优秀的销售人员在听到客户拒绝时，他们会马上在最短的时间内让对方明白：“值得花时间去与自己交谈”。

其方法是：

1. 顺水推舟，将计就计

既然你已经知道客户“忙”是一种借口，是一个谎言，不妨先承认他们这种谎言的存在，认可他们的说法。然后再有针对性地提出解决办法，有的销售人员可能会觉得心虚，因为自己并不确定能帮上什么忙。其实这大可不必，双方都是谎言，客户也不愿意自己戳破这层窗户纸。

所以，当对方说“我这段时间比较忙，以后再说吧”，你可以对客户这样说：“作为公司的负责人没有一个不忙的，忙，说明公司的效益非常好。为了节约您的时间，我也应该高效率办事，今天只需要十分钟的时间，您看呢?”

2. 借力发力，峰回路转

这种方法是先顺着客户说，然后寻找机会适度转换话题。比如，结合客户的爱好、需求，等等，既能实现灵活转换又能令客户心情愉悦。

比如，客户说：“我事情很多，没时间听你说这些，拜托不要再烦我了。”接下来你可以这样回复：“您这么忙，说明您是一个工作负责的人，但是俗话说磨刀不误砍柴工，我们的课程可以使您更加合理地安排时间，有效地提高工作效率，相信您不会轻易拒绝吧。”

3. 提出问题，设置悬念

提出问题，但不要马上说出答案，这种方式可以有效地激发客户的谈话兴趣，放松戒备。紧接着销售人员可以进一步地引导客户朝着有利于自己的方向展开推销。

比如，当对方以没有时间为由拒绝了你，而你又确实了解到存在问题，你可以这样说：“您作为这家公司的负责人，为了提高业绩肯定很忙。有很多像您这样的人被这个问题困扰，但如果能用几分钟时间就可以解决这一问题，难道不考虑一下吗?”

4. 刻意渲染，施加压力

还有一种方法，反其道而行之，即向对方直接说明拖延可能带来严重后果。也就是说，要多强调马上做这件事情的重要性。

当客户说：“我这段时间比较忙，没有时间。”你可以这样说：“任何人都无法预知未来，有些事情可以等，但有些事情实在等不起。将来一旦发生会带来更严重的损失，因此投保刻不容缓。”

或者这样说：“每年发生了那么多灾难，很多人都说：‘早知会发生这种不幸，应该多保一点。’可惜，到灾难发生的时候已经来不及了，所以凡事都应当及早作决定。”

> **小贴士**
>
> 当客户说“没时间”时，大多数情况下都是借口。作为销售人员要深知这点。千万不能拘泥于问题本身，而应该接着这句话引出你能为客户提供的解决方案。这样一来客户便很难再以同样的理由拒绝你。

先给我份资料，了解一下——抓住时机，表述清楚

当客户不接受推销又不好意思直接拒绝时，通常会以“发传真”、“要资料”等为由间接拒绝。出于对销售人员、推销的产品缺乏足够的了解，也会很自然地索要相关资料。此时，绝大部分销售人员会老老实实递给客户资料。

无论是哪一种可能性都不能将资料直接递给客户，因为客户绝对不会认真地去看。

一位销售人员向某客户推销培训课程：

销售人员：“早上好，请问您是于经理吗？”

客户：“是的，请问哪位？”

销售人员：“我是凯达企业管理顾问有限公司的张××，我们是一家专门从事猎头服务，高端人才培训的机构，请问于经理需要吗？”

客户：“不需要。”

销售人员：“是这样的，于经理，最近我们公司推出了一项特别服务，如果第一次使用我们猎头服务和专业培训的客户，可以享受到正常价格的八折优惠，不知道于经理觉得怎么样？”

客户："知道了，那你把相关的介绍资料给我吧。"

销售人员："好的，稍后我给您传过去一份，您注意接收一下。"

对方可能只是很随便的一句话，很明显是在应付，而这位推销员呢？也没有进一步采取措施，直接就答应了。显然，该推销员这次推销是失败的，客户只是以要资料的形式在拒绝他，而他也犯了一个很大的错误，反把客户的拒绝之词当作购买征兆。

事实上，有经验的销售人员都知道这无疑是客户的缓兵之计，资料一旦发送过去很可能就被丢进了垃圾桶。面对这种情况不要将资料直接递给客户，而是利用这次宝贵的机会把"资料"巧妙地传递到客户心中去。

具体做法是，利用资料尽量争取更多的交流时间，然后再通过语言技巧吸引客户以达到见面的机会：

1. 回复方法一

告诉客户产品资料必须配备专业人员讲解，这样既显得专业化又可以找到拜访客户或者接近客户的机会。

客户："你先发一份传真给我看看，如果有需要我再打电话给你。"

销售人员："先生，目前这份产品资料只有纲要和草案，而且专业术语较多，需要配合专业人员进行解释说明。所以，最好我们抽个时间面对面地交流，顺便为您做介绍，您看是您来一趟公司呢还是我去上门拜访好？"

2. 回复方法二

若客户主动索要资料，销售人员要强调资料的重要性不能轻易地发送，一方面是要引起对方的重视，另一方面是争取拜访机会。

客户："你先发一份传真给我看看，如果有需要我再打电话给你。"

销售人员："先生，是这样的，这份资料比较专业，所以让我先跟您讲一下，方便您在看资料的时候有重点地进行阅读，这样可以节省您更多的时间。"

3. 回复方法三

销售人员应该配备多份产品资料，当客户主动提出要求索要产品资料，又不好意思拒绝时，可以先发送一份简单而没有实质内容的宣传资料，留一份客户无法轻易看到的专业性资料。然后销售人员可以以“送第二份资料”为名找到上门拜访的机会。

客户：“你先发一份传真给我看看，如果有需要我再打电话给你。”

销售人员：“先生，实在不好意思，由于最近客户索取太多，公司内部资料已经没有了，现在只剩下一些宣传资料，我先给您发送过去，等内部资料一到，我亲自给您送去。”

4. 回复方法四

这种方法与第二种方法一样，要强调资料的重要性，但是要让客户明确地知道，为了他这次可以破例，暂时先发一份过去，约定下一次见面的时候取回。值得注意的是，约定下一次见面的间隔时间不可太长，否则可能连你也会忘记有这么一件事。

客户：“哦，原来是这样，不如这样吧，你先发一份传真给我看看，如果有需要我再打电话给你?”

销售人员：“先生，实在不好意思，我们的资料都属于内部资料，只对会员用户发放。看到您对产品实在感兴趣我可以为你发一份，不过下周二我必须取回，您看我是上午去合适，还是下午去合适?”

小贴士

当客户在销售一开始就要你发一份资料，多半是借口。销售人员在面对客户用这种方法拒绝时，一定不要满口同意将资料立刻发过去，这样百分之百是杳无音讯，而且对方不会认真对待你的资料。

价格太高了吧——避开价格谈价值

价格，永远是买卖双方争议的焦点，对于销售人员来讲每个人都想卖个好价钱，而对客户来讲物美价廉永远是最高的期望值。因此销售人员与客户在沟通中势必就此产生矛盾，如果不懂些沟通技巧就只能不欢而散了。

一定要避免单纯地讨价还价，而是把产品的潜在价值透露给客户，削弱他们对高价的抵触心理，那矛盾自然也就化解了。

某收藏爱好者走进一家木雕店，对一个小型手工木雕产生了兴趣，看看价格后感到有些贵，便对店主说："这个木雕价格是按照标价出售吗？"

"对，售价2万元。"

收藏爱好者吃惊地问："这是黄花梨吧。"

店主说："正宗海黄。"

"我对木雕研究多年了，从没见过这么昂贵的。"

"木料是一方面，最重要的是雕工独特。"紧接着店主讲起了这种木雕的手工、优点，等等，并且对未来的升值空间做了一番点评。一番话使得本来就看好这款木雕市场前景的收藏爱好者更加坚定了信心，最后尽管感到有些价高，但还是半推半就地购买了。

上述例子中，店主的成功之处在于他没有在价格上死缠烂打，而是将话题转移到"价值"上来，并且进行细致的分析，提供更有力的证据，证明此款木雕会有很大的升值空间。所以，面对客户的价格异议，销售人员没必要讨价还价，如此只能陷入无休止的嘴仗中，白白地浪费时间和精力。

若想彻底打消客户对"价格"的异议，还需要认真分析客户当时说话的心理状态，一般来讲，客户认为"价格过高"存在三种情况：

◎ 缺乏购买力。

◎ 表明自己的眼力，证明自己的知识和智慧。

◎ 以此为借口，企图获得更大的降价空间。

通常来讲，怀有第三种心态的人比较多，而我们针对的人群也是第三种，因为他们的购买意向最大。只不过在购买之前，总会给销售人员制造些麻烦。作为销售人员不到非不得已，也没必要做出让步，最关键的是要突出产品的价值所在，降低客户的心理期望。

1. 分析产品，明确价值

价值决定价格，产品的价格与价值永远呈正比的，价值高的产品价格也一定会高。当客户对价值较高的产品的价格紧紧不放时，销售人员应该向客户分析产品，明明白白地告知对方产品的价值所在，让对方明白实际情况。

比如，一位用户问："这个木雕 2 万元，太贵了。"销售人员可以这样回答："你想想，这是一项回报率非常高的投资，现在投资 2 万元，将来可能翻几倍都不止。"

2. 对比强调，突出价值

对于那些有购买意向，又对价格斤斤计较的人，最好是列举出同类产品的价格进行对比。如果产品在这方面占据优势的话，销售人员一定要充分利用起来，因为这样做很可能直接使你所推销的产品赢得"芳心"。

以同样的问题为例："这个木雕 2 万元，太贵了。""××先生，由于少了一部分运输费用，这个价格在同类产品之中绝对是最便宜的，如果你到内地购买价格只会高不会低。"

3. 将价格化整为零

将价格化整为零是一种推销技巧，这种方法也是针对那些有购买意向的群体。其实，这类客户将价格看得非常重的原因主要还是一种心理上的误差，在推销时只要你调整一下说话方式，让对方在心理上有个缓冲，那成交起来就比较容易了。

比如，我们在推销系列产品的时候就可以采用这种方法：某客户在为孩子选购一套书，每套 500 元。你可以这样对他说："您想想，这个系列的图书分为4套，每套5本，共20册，这样每本只要20元多一点，如果您以后分册购买，每本的定价25元，一下子就会多花费200元。”

小贴士

大多数销售人员遇到对价格有异议的客户，会迫不及待地讨价还价，这是非常不可取的。如果遇到十分讲究的客户，甚至认为你有虚报价格的嫌疑。正确的做法是坚守底线，用产品的价值来改变客户的看法。

质量可靠吗——用事实说话

现在的市场上充斥着诸多伪劣产品，令人真假难辨。因此在推销过程中销售人员遇到最多的一个问题，便是客户对产品质量的怀疑。客户听完介绍之后似乎很感兴趣，往往会不禁问一句：“质量有保证吗?”千万不要轻视这样的话，这表明对方对你的产品极不信任，处理稍有不当就会成为客户拒绝购买的导火索。

某品牌服装店的导购员接待了一位顾客，这位顾客自从进入店内就没有闲下来，试来试去。但久久没有决定购买哪一件，导购员从神情上确定这位顾客喜欢上那款黑色风衣。

于是走向前：“您穿这件衣服非常适合，你看这颜色、款式都是今年最流行的，不知道您还有什么顾虑?”

顾客：“前几天我在别的店见过同样的衣服，价格相差比较大。你们这边为什么这么便宜，不会有什么质量问题吧?”

导购员：“我们都是正规厂家生产的，质量绝对没问题，而且这个品牌在全国各个地方都有销售，如果真像您说的，人家怎么卖?”

顾客：“小姑娘，不是说你们的衣服有问题，我的意思是价格相差太大肯定有原因吧。”

导购员：“我们成本低些，您也知道每个店都会将房租、水电费等成本平摊进去，而我们这些成本较低，因此价格就偏低。”

顾客听了这席话半信半疑，这时导购员嘴里嘟囔了一句“不识货”，本来已经有购买意向的客户放下衣服气呼呼地走了。

这个例子中，我们暂不论服饰质量的真假，首先导购员的态度就令人无法接受，这样的态度，即使货物是正品，别人也无法相信。现实中这样的例子不少见，遇到对方怀疑质量问题，很多推销员不是被问得哑口无言就是对其进行挖苦打击，一副大受其辱的样子。就像例子中的这位导购员埋怨客户不识货，暗含讽刺的意味，难怪客户听后会不高兴，拒绝购买。

客户对产品质量怀疑是一种非常常见的现象，毕竟质量是决定产品是否有使用价值的主要因素之一。对于一位消费者来说，最为关注的就是产品的质量。面对客户对产品质量的异议，该怎么说？我认为要用事实让客户知道“我们产品的质量是可靠的”。

1. 及时展开解释，稳定客户情绪

面对客户对产品质量的质疑，销售人员应及时展开沟通，同意他们的观点，理解他们的异议。目的是先稳定其情绪，然后再逐步纠正他们对产品的偏见。

当客户表达自己的担忧时，你可以这样说：“我理解您的担忧，以前有许多客户也有这种顾虑。但我可以负责任地告诉你，我们的产品是全国统一销售，质量绝对是有保障的。之所以出现价格不同的情况，我可以为你解释一下……”接下来，如果你的语气足够诚恳，态度足够好，一般的客户都可以接受。

2. 出示权威证据，消除客户疑虑

为客户做一番解释之后，对于一些有权威认证或者确凿说服力的产品，销售人员可以拿出相关证据来进一步证明。让客户看到实实在在的证据，完全消除他们心中的疑惑。

客户：“你这是新上市的电脑吧，我之前不了解这个品牌，质量不会出什么问题吧？”

销售人员：“这款电脑是绝对没问题的，这是产品的国家质量认证书，还有相关部门在上市半年以来做的一项相关调查，结果没有一款出现质量问题的。”

或者说，“你看，在衣服的袖口处都印有我们公司特有的标志，遇到同类的产品你可以加以鉴别。”

3. 提供解决方案，给客户吃一颗定心丸

在产品销售过程中，都有一系列的与之相配套的售后服务，这些服务是厂家为保障客户利益专门设计的一些措施。很多客户对有完善售后保障体系的产品还是有很大信心的，这在很大程度上促使他们作出购买的决定。所以说，销售人员在推销的时候，就要善于充分利用这一点，在介绍完产品之后，要详细地介绍售后服务及维修条款。

客户：“现在的家电都不可信，这台电视质量怎么样啊？”

销售人员：“质量绝对没问题，而且商家有强大的售后保障措施，您看看，有任何问题随时可以来调换，三个月之内包换，三年之内免费维修。”

小贴士

质量是决定产品是否有使用价值的主要因素，对于任何一位客户来说，他们最为关注的就是产品的质量。因此在遇到这种质疑时不要空口说大话，乱保证，更不要嘲笑对方不识货，而是要提供证据让对方心服口服。

对产品了解较少——结合关注点进行重点讲解

在推销中还有一种非常常见的拒绝理由：对产品了解不够。让一个人接受他不熟悉的事物的确比较困难，拒绝也似乎非常合理。很多时候我宁愿把这些话当成大实话，因为毕竟并不是每个人都了解自己的产品。所以，无论什么情况下当对方提出对产品缺乏了解时，销售人员唯一可做的就是对其进

行重点介绍。

然而，这一阶段的介绍具有特殊性，即要有选择性，有针对性，先对客户的关注点、需求点进行一番了解，然后围绕这些需求展开，避免盲目进行，顾此失彼。

某专营农用卡车的4S店业绩都很惨淡，原因是这种车的市场较小，消费群体有限。

事实上，正是很多销售人员担心这种车不好卖，才出现卖不出去的局面。大家都知道农用卡车是生产工具，消费群体主要集中在农民、工人等。然而，这一人群知识有限，恰恰对车的构造、原理缺乏更多的了解。因此大部分人经常因对车不了解而心生恐惧。

然而，有一个人的业绩非常突出，原因是他改变了推销方法。这位推销员在讲解时从不会长篇累牍地讲解专业知识，而是只抓住一点，即如何让买卡车的农民看到购买后的利益。

其他推销员是怎么介绍的呢——面对客户大肆渲染卡车的特点、优点，等等。比如："买卡车能找到长期合作的货运公司"，"后期维修方便"，"可银行按揭付款"，"报废后仍可享受政府几千元补贴"，等等，总之只要宣传手册上有的，他们会一字不落地介绍给客户。

结果是什么呢？这些所谓的优点并不是农民最关心的，他们关注的是购买卡车后能否赚到更多的钱。

与其大肆地宣传卡车的特点、优点，不如多讲讲买车之后能否赚到钱更实际，谁能说到这个点子上，谁就能抓住客户的心。因此，销售人员在向客户介绍产品时一定要结合客户的关注点，根据客户的关注点进行有针对性的介绍。这就需要销售人员在推销之前一定要充分地了解客户，了解客户内心的想法。

1. 对客户进行摸底大调查

产品的优势是固定的，而客户需求却是不断变化的。因此，销售人员要先对客户有足够的了解，然后根据掌握到的情况调整讲解的重点，适时地体现产品的某种优势。对于客户的了解主要有以下几个方面：

◎ 明确客户的身份。

◎ 了解客户的价值观。

◎ 挖掘客户背后深层的心理需求。

◎ 体验客户的内心世界，站在对方的角度看问题、想问题。

客户的信息，一方面可以通过谈话获得，另一方面可以通过自身的察言观色、思考分析获得。也就是说，在正式推销之前要与对方进行一场深入的交流，并及时对谈话内容进行分析。

2. 定为产品特性

熟悉客户的需求之后，就可以有选择地进行介绍。比如，某客户注重产品的实用性，那我们可以在介绍时重点突出产品的实用性特点；某客户注重产品的款式，则要突出产品隐含的时尚元素。

◎ 实用性

通常指的是产品的使用价值，也是客户最为关注的，客户能否认可该产品最主要的决定因素无疑是实用价值的大小。

◎ 经济性

指的是产品的价格，大多数客户在购买产品时，价格是一个重要的参考因素。相比之下，价格越合理，越容易获得客户认可。

◎ 安全性

在推销工作中，安全性是衡量一个产品好坏的重要标准，如今越来越多的人开始重视起产品的安全性，尤其是电器、易燃、易爆产品。

◎ 健康性

随着消费观念的改变，消费者更关心产品的健康性，即是否会对人身安全造成危害。尤其是药品、食品、滋补剂等。

◎ 美观性

“爱美之心，人皆有之”，在很多情况下商品的包装、外观、式样对客户的购买意愿影响也比较大。

产品在这些方面的优势与客户的需求基本上是一一对应的，销售人员要学会根据客户的需求进行有针对性的介绍。客户重点关注什么就说什么，不需要的可以一句话带过，甚至完全可以暂时放在一边。

以上这两点工作做到位，足可以应对“对产品缺乏了解”的客户，要知道很多客户既然能说出这样的话，说明对产品有基本的认识，只是出于谨慎心态不敢放心大胆地购买。他们通常要求找一些专业人士、权威人士来做推荐，你若能做好上述工作无疑是充当了这个角色，客户自然会顺理成章地购买。

小贴士

当客户提出“对产品缺乏了解”时，暂且不要争论此话是不是借口。重要的是抓住这个契机进行推销，不妨相信对方的话，认认真真对产品做一番介绍。即使最终证明真的是借口，也争取到了再次推销的机会。

我用过，不好使——引导客户说出“问题”所在

还有一少部分客户对所推销的产品十分熟悉，但就是拒绝购买，很多销售人员对于这类客户颇感为难。改变一个人固有的思想，要比给一个人灌输新思想难得多。有人提出，对于那些不了解产品的客户尚且可以进行详细的讲解，进行说服。而对于已经对产品很熟悉又有过不良印象的人该如何进行推销呢？

对于这类客户，不要寄希望于通过一番口舌之战就能彻底改变。而是应采取循序渐进、逐步引导的方法，使客户说出“问题”所在。没问题的消除误会，有问题的提出解决方案。

客户走进一家化妆品店，导购员小林拿着样品走上前：“小姐，了解

了解××牌的护发素，这是一款刚刚上市新产品，正在优惠活动中。”

客户接过样品，似乎并没有仔细看就不屑地说：“以前用过，效果不太好。”

小林微笑着说：“是吗，感谢您关注我们的产品，但是这款新产品在使用时有很多注意事项，您还不知道吧。”

客户：“什么注意事项。”

小林：“小姐，一定是误会了，您先坐下，我慢慢向您解释。”

在小林的热情服务下，客户也没有坚持走，而且她也想具体了解一下到底是什么注意事项。

“小姐，您也知道，护发素的使用方法有很多种，洗前……”

小林向客户详细地介绍了几种护发素的使用方法，客户意识到有几种方法还真是平时没有注意到的。内心的质疑被打消之后又购买了一套护发素。

在推销时，如果客户说“用过，但效果不太好”，这说明对方对你的产品已经产生了质疑。一般情况下销售人员的第一反应是反问对方“您确定是这个牌子的产品吗”，“您是不是操作有误”这样的话。这样说实在不妥，意在表明对方错了。再加上大多数客户不愿意提起过去失败的、不愉快的经历，势必会拒绝你继续说下去。

那么，在遭受这样的拒绝时销售人员该如何来应对呢？我们不妨从例子中的小林那里学习一些做法：

1. 认同客户的说法

认同客户的说法在情感上可以引起共鸣，由于客户有过不愉快的经历，当她遇到你时势必有想倾诉的欲望。何不抓住这个机会更多地了解对方的情况呢？这也为接下来的推销奠定基础。

销售人员可以先认同客户的说法：“小姐/先生，您说的这种情况也确实存在，您有这种顾虑我完全可以理解。不过请您放心……”先对客户的情绪进行安抚，然后再找准机会，提供一些依据，消除误解或者提供解决方案。

2. 挖掘深层原因

对于销售人员的自我夸耀，客户会表示犹豫。此时，销售人员要表示认同对方的感受。然后再挖掘深层原因，辨清真伪，祛除忧虑。

客户：“你们推销自己的产品，都说得很好，哪个卖瓜的不说自己的瓜甜呢？可事实上，并不像你说的那么好用。”

销售人员：“您这么说一定有原因，可不可以告诉我，到底是什么原因让您产生这种怀疑？”

3. 识破其谎言，对其进行有针对性的推荐

如果客户只是以这种忧虑来当做“借口”，那么销售人员就要大胆识破他们的谎言，然后再对其有针对性的推荐。但是，在识破的时候又不能冒犯客户，引发对方更大的戒心。下面几种说法可以巧妙地破解客户的这种谎言。

销售人员：“您刚刚提到……说真的，我不相信。我认为，您没有向我坦白。”

销售人员：“我知道您很忙，不过这只需要花几分钟，比如说……”

销售人员：“针对您的问题我们有必要先谈谈，对于这个产品有很多细节您也许并不了解……”

销售人员：“您说我们的价格太高了，我承认有些公司价格比较低，他们的状况我很清楚，让我向您解释他们为什么价格低……”

小贴士

当客户以“不好使”的理由拒绝时这里面还隐含着另外一层意思：“我了解你的产品，但不感兴趣罢了。”既然了解为什么又不购买呢？这就是关键所在，只要找到这个问题所在，即可找到突破口。

外形不好看——转移谈话焦点，采取弥补措施

现在的客户非常挑剔，稍有不满意就会拒绝购买，很多时候无论是质量还是价格客户都比较认可，但就在一些小问题上容易产生分歧，比如，款式、外形等。“外形不好看”、“款式雷同”等都会成为拒绝的理由。这些小问题本不是什么关键的问题，但处理不好也会导致前功尽弃。

销售人员：“王先生，刚才您看的那款手机怎么样啊？”

客户：“根据我使用的经验，诺基亚的质量非常好！不过款式有点不好看，而且雷同的特别多，我朋友有好几人都是这款。”

销售人员：“您说得非常对，这款手机最大的优势就在质量好。”

客户：“但这个款型太普通了。”

销售人员：“我们换个颜色怎么样？”

客户：“那我也觉得不太好，显得我多没眼光啊。”

销售人员：“每个人都有自己的看法，手机嘛，打电话效果好才是最重要的！”

客户：“没有别的款型了吗？”

销售人员：“没有了，那您看看别的吧。”

最终，客户没有看别的机型，而是转身走了。

这位推销员最大的失败在于，在整个对话中始终处于被动，比如，当客户提出“款型雷同”的时候，他说“要不给您换个颜色”，“那您看看别的吧”，这种说法已经显现出了自己的无能为力，相当于承认了客户的说法。再比如，“再说，手机嘛，打电话效果好才是最重要的”这些话，更容易招致客户的反感。

遇到这种情况很多销售人员不甘心，但又没有很好的解决办法，要么随客户任意摆布，要么强行推销，强迫对方接受，这些做法都是不正确的。其实，只要转变一下讲话的重点，将客户的注意力转移到他认同的地方不断强化，有时候就可以摆脱这种窘境。

具体的方法是：

1. 对客户提出的异议表示赞同

现在很多客户在消费观念上都求新、求异，最忌讳款式雷同，客户对款式有异议是追求独特、完美的心理表现，销售人员只要善于从心理上加强攻势，多认同他们，往往可以减轻他们的敌对心态。比如，赞美他的独特眼光，品位高雅等。

销售人员："是吗？您的眼光真好，现在就这个款式特别畅销，很多人都非常喜欢。"

销售人员："那真是太好了！我们这款手机正在热销当中，是最受欢迎的一款……"

2. 向客户解释款式雷同的原因

在市场中同类款式的产品确实非常多，这是客观存在的事实，除了赞同客户的观点之外，要想进一步取得客户的认可，还必须向客户解释清楚为什么会有这种现象。比如，可以从款式流行，市场需求大等思路来解释，从而消除产品"没有特色"的印象。

客户："这个款式的衣服太普遍了，满大街都是，我不买了。"

销售人员："碰到和自己着装一样的人确实很尴尬，但由于这个款式是今年比较流行的一款，喜欢的人比较多，所以很多店都在出售，如果您喜欢特别一点的款式，可以先看看这个……"

3. 积极弥补，推荐其他款式

这类客户最大的好处就是，对产品已经给予了认可，有异议的地方并不是关键性的问题。因此，销售人员可以用其他类似的产品去弥补，当然，要根据客户喜欢的类型、款式推荐。只要销售人员能有效地引导客户转变观念，会很容易获得客户的认可。

销售人员："多人使用同一款手机确实有点尴尬，我们还有其他类似的款式，风格非常接近，您可以看一下，看看感觉如何。"

销售人员：“多人使用同一款手机确实不大适合，不过这也表明这一款确实好看。如果您认为不妥，这种风格的手机还有三个类似款，而且各有特色，您可以看一下。”

如果把客户对产品质量、价格的异议当做双方的主要矛盾的话，对款式的异议就属于次要矛盾，类似于这类异议的还有对颜色、风格等的要求，解决这类矛盾同样可以采用上述步骤。

小贴士

如果客户对产品的异议不是关键性的问题，就不是什么大问题。由于他们对产品已经有了基本的认可，直接拒绝购买的可能性比较小。销售人员在处理这些问题时可以采取先认同，后解释，再弥补的策略，循序渐进地化解客户的抵御心理。

比同类产品差——比较分析，突出优势

“不怕不识货，就怕货比货”，“货比三家”，有比较才会有鉴别，有鉴别才容易买到更好的产品，每个客户都懂得这个道理。因此，绝大部分人在购买某一款产品前，都会与同类产品做一番比较，比价格，比质量，比款式……比来比去，问题就出现了。张家的比李家的价格便宜，王家比刘家的质量好等。

遇到这种情况，销售人员与其试图阻止对方，还不如去帮助对方比较分析，这样做一方面可以使客户对你进一步产生信赖，另一方面可以在接下来的谈话中，占据主动。

秦帆是某家具商城的推销员，她向客户推销一款组合柜家具，客户看到这里的标价比别处的贵很多，准备离开。

秦帆见状，走上去对客户说：“为什么不多了解了解呢？”

客户：“你们这里价格为什么比别处贵那么多？”

秦帆：“我们可以坐下来谈谈吗？”说着将客户带到体验区。

“一分钱一分货，咱们可以看看这木料、烤漆都是上乘的，还有做工方面也是非常精细的。”

客户：“从外面来看，的确有些不一样。”

这时，秦帆拉开组合柜展示给客户：“您看，我们柜子的内部空间更深、更大。您也知道，普通的尺寸是……而我们至少要比普通的大100毫米。您再看这些拉门……”

一席话使得客户不住地点头。

秦帆继续说：“我们在设计上也是别出心裁，两个抽屉配有暗锁，如果您放一些较贵重的东西就非常安全了，这是其他组合柜没有的功能。这一比您就知道，我们的产品无论哪方面都比其他的优越，所以说您多花上一点钱是值得的。”听了秦帆这番介绍后，客户也就不再犹豫了。

在实际生活中，像例子中这样的客户非常多，总爱比来比去，作为销售人员，要去帮助对方分析，而不是盲目地“回敬”对方。毕竟，大部分客户对产品还是缺乏深入了解的，只根据表面的东西做判断是片面的，因此需要销售人员主动帮助客户去分析，将客户看到的劣势转化为优势，从而化解客户心中的疑惑。

把自己所推销的产品与同类产品做比较，通过对比，更能突出产品在某些方面的优势。这无疑在向客户传递“物有所值”的信息，“我们的产品是优质的”，这样更有利于客户自己作出选择。那么，在具体阐述过程中，如何去对比呢？

1. 选择固定的参照物

对比必须有一定的参照物，否则就失去了对比的意义，而参照物也必须是实事存在的或客户所熟悉的产品，只有这样，客户理解起来才能更具体、更形象，更有说服力。比如，销售人员在向客户对比的时候，要明确强调我们与哪个产品作对比，该产品的品牌、生产厂家、生产日期等，这些明确的字眼都会让客户折服。

2. 确定比较重点

在进行产品对比的时候，一定要清楚产品之间的对比点，用自己的产品劣势去与对方产品的优势进行对比，岂不是搬起石头砸自己的脚？

不同产品的对比重点如下图所示。

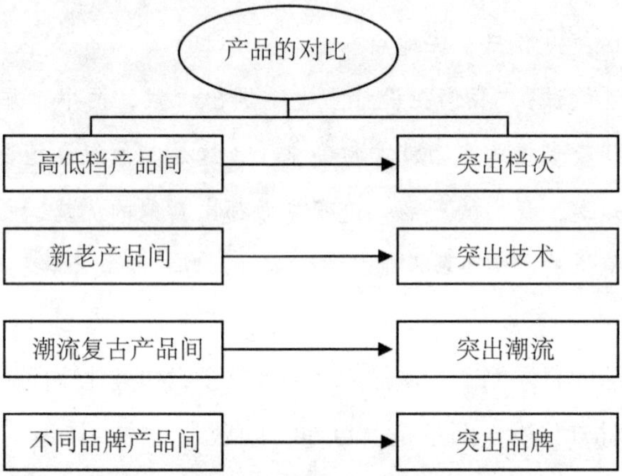

3. 确定对比方式

（1）横向比较

横向比较用于同类产品之间，由于同类产品间有很多相似性，因此在比较时横向比较反而比较好。比如，甲产品比乙产品在设计上更人性化，性能更齐全等，通过这样的比较突出甲产品在设计或性能上的优势。

（2）纵向比较

纵向比较用于不同产品之间，指的是在某一标准的基础上，不同产品之间进行比较。比如，客户比较看重产品的价格，甲乙两个品牌针对价格进行比较；客户看中品牌效应，在普通品牌与名牌产品之间进行比较。这种比较法必须有某一具体的比较标准。比如，比较性能就不能按照规格、制作材料等标准来衡量。

值得一提的是，在进行对比时，尽量在同类产品之间进行，避免与不同类的产品进行比较，因为很多时候不同类产品缺乏明确的衡量标准。

小贴士

在做对比分析时有一点非常重要，那就是对参照物（对方的产品）要有深入的了解、客观的评价。倘若你对对方的产品一无所知，对比起来就会有偏颇，从而也就失去了客观性、公正性。

见招拆招，谈判语带着技巧说

销售进入谈判阶段双方就展开了“舌战”，往往需要经过一番唇枪舌剑才能分出胜负。要想让客户对你的产品心服口服，甘心购买，销售人员必须具有舌战群儒的气魄，将客户的百般刁难巧妙化解；面对客户提出的异议争锋相对，在与客户的较量中巧舌如簧，见招拆招，化被动为主动。

讲“套”话，初次见面客套话必不可少

在商业谈判中，双方初次见面都会说一些客套话，以表问候、欢迎、感谢等。彼此有了初步的了解之后才会正式开始谈判，需要提醒的是千万不要忽略短短几分钟的“客套话”，这既是一种商业礼仪，同时对整个谈判的走势也起着重要的导向作用。

我认识的一位推销员秦晟，是某服装批发公司的推销员，她一向不重视说客套话这个细节，一次谈判经历让她改变了这个想法。

那次，她约好客户商谈新产品推广一事，见面后双方很快进入主题，全程下来沟通非常愉快。令她吃惊的是对方并没有当即决定，而是提出再斟酌斟酌。考虑到初次合作，秦晟就答应下来，因为她感觉到客户对自己已经有好感，迟早

会实现合作的。

接下来，她满怀信心地等待着客户的答复，第二天，对方打电话过来明确表示暂不合作了。秦晟一头雾水，是什么原因使客户这么快改变主意？她将这件事情讲给我听，我一听就知道问题出在哪儿。随后我指出：“客户原本就没有与你合作的意愿，需要考虑考虑只是托词而已。”

秦晟不解地问：“我们一直谈得很好啊，对方当时也没有拒绝的征兆。”

“谈判前应该先做些感情铺垫，彼此说些客套话，这能为接下来的谈判奠定良好的情感基础。”我说道。

我的指点令她想起了谈判初的情景：当时没有任何寒暄，直接谈论合作的事情。谈判过程中看得出，对方虽然没有明确拒绝，但时时表露出警惕之意。

从此以后，秦晟每次在与客户谈判前都不忘客套一番。

只是缺少一声轻描淡写的问候，就可以毁掉本来已经到手的订单，同样，只要做好这一点也可带来意想不到的收获。很多客户，尤其是大客户对礼节的要求相当高。在他们看来自己需要的不仅仅是一家有实力的公司，不仅仅是一款高质量的产品，而是一个有情有义、德才兼备的合作伙伴。

一名优秀的推销员、一个谈判高手必须注意这个细节。在谈判前积极地问候和寒暄，必要时可以给客户带点小礼物。一般来讲，商业谈判中有很多种形式的客套话，主要可以归为四大类：寒暄式的、敬慕式的、言他式的、攀亲式的。

接下来我们分别了解一下：

1. 寒暄式的

寒暄式问候语通常用在比较熟悉的两个人之间，如果你与客户关系比较熟悉，就可以这样问候，显得更加轻松自如。寒暄式的问候有很多种类型，如关心型的、思念型的，等等，可以根据具体情况进行分类。

◎ 礼貌型的：“您好”、“早上好”、“晚上好”、“hello” 等。

◎ 思念型的："好久不见，你近来怎么样。""多日不见，可把我想坏了。"

◎ 关心型的："最近身体好吗？""生意好吗？""最近工作进展如何，还顺利吗？"

◎ 交流型的：对上班族可以问："工作忙吗？"对老师可以问："今天有课吗？"对生意人可以问"近来生意进展得怎么样啊？"等等。

2. 敬慕式的

见面之初，如果对方是尊者、长者，或者在某一领域威望较高的人，我们可以表达自己的尊重、仰慕之情。比如"久仰陈老大名！您的大作我已拜读，真是受益匪浅啊"；"您设计的优化方案，我已经看过，真不错，不愧为业界的泰斗"。敬慕式的套话，主要是通过对方的某种优势来表达自己的内心情感，与赞美式的问候有异曲同工之处。不同的是，这类话术范围更广些，没有固定的模式，可根据环境、条件、对象以及双方见面时的感受来选择。

3. 言他式的

言他式的也是初次见面最好的问候方式之一，即利用当时场合、环境找到谈话的突破口，通过对客户所处的环境、场合的赞美和描绘来达到问候客户的目的。

比如，你与客户约在办公室，你可以说："窗前的这盆花为办公室增色不少啊……"你与客户约在郊外，可以说："今天天气不错……"与客户约在高尔夫球场，可以说："这高尔夫球场真气派……"等等。这些话表面上看似与对方无关，其实隐含的意思更耐人寻味。

4. 攀亲式的

初次见面时，与对方攀认某种关系是人际交往中的一种诀窍，会给人一见如故的感觉，从而也为建立交往、发展友谊奠定了基础。三国时，鲁肃见到诸葛亮的第一句话是："我，子瑜友也。"（子瑜是诸葛亮的哥哥诸葛谨）短短一句话就奠定了鲁肃与诸葛亮之间的情谊。

在商业谈判中攀亲式的客套话同样适用。比如：“听说您是清华大学毕业的，说起来咱们还是校友呢。”“我在武汉长大，跟您这位地道的武汉人可算得上半个同乡啦！”“您是药物方面的专家，我爱人在制药厂工作，咱们可算是近亲啊！”等等。类似的话能紧紧抓住谈话的契机，发掘双方的共同点，可以在感情上更靠拢对方。

借助外部环境因素来作为谈话的媒介说些客套话，是推销和谈判中常用的一种问候方式。特别是陌生人见面，如果一时难以找到话题，不妨先用客套话来打破尴尬的场面。

小贴士

客套话的目的在于为谈判创造一个和谐的气氛，便于尽快引起对方的情感共鸣，进入谈判状态。语言要简短有力，热情洋溢，但一定要随意些，避免过于形式化、机械化，否则，容易引起对方的反感。

讲“明”话，简明阐述双方意见

正式的商业谈判一般分为六个阶段，即导入阶段、概说阶段、明示阶段、交锋阶段、妥协阶段与协议阶段。“导入阶段”就是上节所提到的讲客套话，为双方初步了解阶段。随着谈判的深入，到了“概说阶段”、“明示阶段”，就是我们这一节要阐述的讲“明”话。

讲“明”话，顾名思义就是明明白白地讲话，把自己的想法与意愿明确地提出来。这个阶段重在沟通，向客户交代自己的想法，以便取得信任，为谈判营造一个良好的氛围。讲“明”话，要求语言简洁明了，原则性强、语速不宜太快，要清晰、流畅。

我们来看一个案例：

关宜鹏是某广告公司的市场部总监，在销售行业摸爬滚打了5年之久，已经成长为谈判桌上的高手，对谈判流程了如指掌，谈判技巧运用娴熟，经常被公司派去与客户谈判，几乎每次都是凯旋。

一次，公司承接了某大型公司的广告制作业务，公司希望立马拿下。于是，宜鹏再次临危受命，双方刚一坐下来，对方就问了一个十分尖锐的问题：“作为行业中的一枝新秀，您怎么保证有能力承接我们的项目呢？要知道很多公司已经知难而退了。”

随行的几个陪同人员面面相觑，认为：“怎么应对这么尖锐的问题呢？”然而，宜鹏显得非常镇静。他敏感地意识到，尽管对方提的问题有些猝不及防，但不能让现场气氛变得尴尬，于是，灵机一动主动发言了。

“温总，您的担忧是有道理的，毕竟我们初次合作。如果您允许的话，我先介绍一下身边的成员。”（此话的目的是争取更多的时间，来阐述自己的立场，为下一步谈判争取主动权）

客户：“如果你解决了我这个问题，我想我们的合作就成功了一半。”

“我给您介绍一下我们的成员，项目总监L老师，策划师H老师，两位在这个行业是顶尖的专家，也是我们公司的首席代表。项目总监L老师成功操作过很多大型的广告项目，经验非常丰富。H老师是这个行业的高材生，在战略、品牌方面……针对贵公司的管理机制，经营特色，我们已经做过全面的研究，并制订出一份详尽的策划方案，请您过目。”

说着，就拿出一份策划方案递给对方。

宜鹏的开诚布公立即令客户的态度和善了不少，对方在简单看过策划方案后，也明确提出了自己的要求和期望，以及其他注意事项。这次谈判十分顺利，合作细则很快就确定下来了。

谈判中，对客户了解得越多，取胜的把握越大。一般来讲，谈判初期正是双方彼此了解的一个阶段。比如，合作的要求、原则、立场等都是需要了解的主要内容。一方面要争取更多的时间来表述自己的观点，另一方面要给予对方更多的时间去表述，如果对方刻意回避，也要引导对方说出来。

这就是谈判中讲“明”话的重要性，可以最大限度地促进双方意见的交换，为接下来谈判思路的确定，谈判计划的调整，谈判时机的把握提供事实依据。那么，在谈判中，如何明确地表达自己的见解呢？

1. 开诚布公，明确态度

谈判时很多人会有一个误区：在客户面前尽量不动声色，伺机而动。这种“躲猫猫”式的谈判只能引发更多的猜测和质疑，结果往往是谈判结束了仍不知对方的要求。

其实，掩饰换来的只能是对方更多的掩饰，谈判就是谈出来的，不能全靠揣测。因此，在谈判之前一定要明确所谈的内容，如果一开始就开诚布公地表明自己的观点，明确自己的态度、立场及建议，谈判自然会很顺利。

2. 早作准备，提出方案

为什么有的销售人员能在瞬间抓住客户的心？就是因为他们做的准备工作比较充分，在谈判时可以有条不紊地说出自己事先准备好的话，并协助客户做出最终的决定。或者你可以将客户所需的资料放在他们面前，直接告诉客户：“先生，如果我是你，我会这样做的。”

3. 争取更多的阐述时间

在与对方谈判时要给自己一些思考的时间，或者要争取更多的时间来阐述自己的观点。就像例子中的关宜鹏面对客户一上来就“大军压境”的紧张形势，仍表现得十分冷静，伺机寻找机会抢回话题，并直接要求“先介绍一下我的成员”。这也为接下来的谈判埋下了伏笔，无形中就回答了对方的问题。意在表明，我这么好的团队足以做好你们的项目。

阐述时间越长，对自己就越有利，因为对方对你缺乏了解，贸然深入容易步入误区。那么，在自我阐述阶段主要表明自己的哪些观点呢？

◎ 谈判的流程。

◎ 我方的观点。

◎ 谈判的条件。

◎ 谈判的思路。

在自我阐述的同时，也要给对方一定的时间和空间，让对方发言，以便做到知己知彼。

小贴士

讲“明”话，包括两个方面：一方面是自己要清楚我方的立场、观点、要求，让客户对我方有一定的了解；另一方面是要引导客户明明白白地表达，以做到知己知彼，充分地交换双方的意见。

讲“实”话，情真意切获取对方认可

谈判虽说是唇枪舌剑，暗藏玄机，但实话实说反而可先发制人，最大限度地体现自己的诚意，获得对方的认可。有时在僵局中还有化被动为主动的奇效。我做了这么多年的推销，经历了各种形式的谈判，遇到的客户也是多种多样，经验告诉我：在谈判的初级阶段，直抒胸臆，直接表明此行的目的，反而比遮遮掩掩、欲言又止更容易争取到机会。

曾记得几年前的一场工程招标谈判，正是及时地表明态度，把自己真实情况一五一十地讲给客户听才打动对方，最终在非常不利的困境中脱颖而出。

当天下午，我带着数十份合同拜访该项目的负责人，而且已经摆出一副“不达目的不罢休”的架势，即便存在一线希望也要努力去争取。在拜访之前我了解到，这位负责人姓刑。

我：“邢总您好！”

客户：“你是？”显然，对方根本没有料到我的到来。

我直接说道：“邢经理，我是做××机器设备的，听说贵公司将外包一个相关项目，这个项目就交给我们公司来做吧。”

客户：“这事已经公开招标了，我们下次有机会再合作，好吧？”

我：“邢经理，我这次特地前来拜访就是想跟您仔细谈谈这个问题，我们公司在这方面非常有经验，×××项目就是我们做的。”

客户：“那好吧，坐下谈吧！”

我坐下后给对方递上了一张名片，客户看看后说：“我们十分相信贵公司有这个能力，不过关于这个项目，我们已经面向全社会招标，而且报名工作已经结束，招标大会最近就要召开。”

我：“这次找您来就是为了这事，由于获得贵公司招标信息晚了一步没有报上名，你能不能高抬贵手给我们公司一个参与竞争的机会。”

“既然您一直做这个项目，我们也不愿意失去一个好的合作者，我先看看你的样本吧。”我拿出准备好的样本，递给对方：“这是我们专门针对贵公司这次招标项目做的策划方案，考虑不到之处还望斧正。”此时，我注意到客户的表情很惊讶，说实话不论谁看到如此多的方案都会如此表现，客户笑了笑：“我现在就给你赦免令，同意你参加我们的招标大会。”

我在明知败局已定，扳回的概率几乎为零的情况下亮出了自己的底牌，这是非常冒险的。在谈判中，一开始就亮底牌会产生两种结果，第一，对方迅速地分析你后，感到满意，顺利成交。第二，对方怀疑你在某方面设下陷阱，交易彻底失败。说实话，就是向客户摊底牌，这无疑是向客户暴露自己的底线，往往不利于自己其他环节工作的开展。

对于初次见面的客户，如果能先发制人则可以在心理上占据优势。比如，一开始就表明自己的态度：“我们的产品定位在高端消费群体，因此价格上没有下降空间。”或者说：“我们公司在渠道开发上有所欠缺，做的前提是希望贵方在营销渠道上提供一定的支持。”

这样说就是暗示对方接受你的提议，如果对方做出积极的回应，无论自己是占据优势还是劣势，都拥有了谈话的主动权，接下来会朝着对自己有利的方向发展。

下面分别介绍一下如何在谈桌上讲真话、表真情：

1. 说真实话

在一次记者招待会上，有记者问吴仪：“请问吴部长，您为何至今还是独身一人。”多么棘手的一个问题，所有人都认为她会回避这个话题，没想到她直接表达了自己的想法。

她回答：我不信奉独身主义，之所以单身，和青年时的思想片面有关，一是受文学作品的影响，心里有一个标准的男子汉形象，而这种人现实生活中没有；二是总觉得先立业后成家，而这个业又总觉得没有立起来。然后就是在山沟里一躲20年，接触范围有限，等走出山沟年龄也大了，工作又忙就算了吧。

这样坦率的回答使众人感到吃惊，同时也使众人感动，正是这种坦诚直率的大实话才使吴仪拉近了和大家的距离，也正是这种诚实的工作作风使她成为对外贸易谈判中令对方竖指称赞的女性。

在谈判中也一样，很多时候不必始终端着无可奉告的架子，也不必避实就虚、含糊了事。依据自己的实际情况说话，有什么就说什么，是什么就说什么，不夸大也不自贬，反而更容易获得信任。

2. 说真情话

运用说“实”话策略时还要有真情。俗话说：“言谈贵在情真，功在情深。”唯有真情流露，才能产生无与伦比的感染力和征服力。正如一位演说家所言：“在演讲及一切的艺术活动中，唯有真情，才能够使人信服。”

3. 坦露缺点

人们总是喜欢把自己的缺点隐藏，因此认为，故意把缺点表现出来会感到很丢人、没面子。其实，这是展现真实自我的一个机会，在强调自己的诚实时，表现一些自己的缺点，相信谁都不会耿耿于怀，只把你的这点儿缺点铭记于心。相反，大多数人会为你的诚实鼓掌，比如，百货公司举办瑕疵货品拍卖时造成的人潮汹涌的盛况，其场面连大减价时都无法相比。为什么拍卖瑕疵的商品会这么受欢迎呢？一个重要的原因无非就是他们把货品的缺点特意表明。

因此，利用表现缺点来强调诚实，可以说是提升自我形象的一种有效方法。但值得注意的是，不能为了做到“诚实”二字，就把自己所有的缺点都表现出来。因为这么一来，反而会失去信用，让别人认为你一无是处。

任何人都会有隐藏弱点的心理，所以对承认“不知道”这一点会产生抗拒，连不懂的也会装作懂的样子。

> 小贴士
>
> 常言说：“精诚所至，金石为开。”在谈判中如果能说实话、表真情，实实在在、诚心诚意对待客户，真心实意地帮助客户，就很容易获取对方的认可，在谈判中占据主动地位，有利于促进预期目标的实现。

讲“大”话，虚张声势先声夺人

谈判处在“交锋阶段”时可谓刀光剑影，有人把商场比作战场，一点也不为过。在这场交锋战中，拼的是口才，拼的是智慧，拼的是心计，稍有不慎就会落入对方的圈套。

尤其是当自己处于下风时，由于双方互不知底，很多人陷入左右为难的境地。谁也不会率先提出条件，因为一旦要求过高会让对方反感，搞砸了生意；要求过低将不能为自己争取到最大的利润空间。这时，不妨大胆采取些谋略，虚张声势，先声夺人。

很多著名的谈判案例表明，采取虚张声势的策略可以占据主动。

普洛奇，一位精英天才，可是很少有人知道他也是个谈判高手。第二次世界大战期间，他发现做豆芽生意有市场前景。于是，他计划从墨西哥购进大量的大豆，开始人工生产，并加工成豆芽罐头，一开张便赚了不少钱。但由于生产罐头需要大量铁皮而陷入了困境。原因是，当时正值战争最紧张的时期，政府号召所有金属必须优先用于军工生产。因此，很多民营工业都没有足够供给，无法找到足够的铁皮，就无法做成罐头盒，这个小小的问题难倒了普洛奇。

一天，他跑到华盛顿军事生产部门，计划说服对方从军方购买一点铁皮。这在常人看来等同于虎口夺食，可是普洛奇却成功了。他是如何同对方舌战的呢？在这场谈判中又是如何运用“虚张声势”这一策略的呢？

首先，他在介绍公司的时候就虚设了一个气派非凡的名称：豆芽生产工会。这个名字听来更有号召力——其实只是一个只有两个人的公司。

其次，他承诺每月向军队供应一定量的罐头，正是有了这样一个条件做交换，对方才同意让他带走金属盒——事实上当时他并没有如此大的生产能力。那么他怎么敢轻易承诺呢？一招鲜，吃遍天，他继续利用虚张声势的绝招，打着“军队”这个大客户的旗号，说服合作伙伴兼并了一家老罐头厂，于是扩大了生产规模。

就这样，普洛奇靠着自己的三寸不烂之舌成就了一番大事业。

在谈判时，有些时候一个大胆的计划，一种奇异的构思，配以虚张声势的行动，往往能收到意想不到的效果，引起轰动效应，最终达到“以弱胜强”的目的。例子中的普洛奇就巧妙地运用虚张声势、先声夺人的谈判策略，从而在谈判中占据主动，获得最终胜利。销售谈判也有类似的规律，如果你的起点高，往往可以为自己赢得比较大的利益空间。反之，起点越低越被动。所以，谈判时需要有意地夸大自己的实力，这种方法在谈判中对客户的震慑力非常大，可以最大限度地提高自身的影响力，镇住对手。

我们把“虚张声势”，定位为说“大”话，指的是以夸张的表现形式，来刺激客户的心理，调动对方的购买欲望。然而，想要自如地运用却不太容易，一旦出现漏洞，反而会失去一切机会。所以谈判时一定要把握好“说大话”这一策略的原则。

1. 科学评估自己，做到心中有数

虚张声势是给对方造成一点悬念，目的是让其有一些紧迫感，让对方产生立即购买的欲望，但是一定要量力而行，很多谈判人员在运用这一策略之前，本身没有那么大的实力，或者没有能力兑现承诺，却信口开河，信誓旦旦，而最终无法兑现，让自己更加被动。

2. 率先开口，掌控谈判的主动权

作为一名谈判高手要始终掌握住局面，说“大”话恰恰能起到这样的作用。在谈判的初级阶段，如果抓住机会率先提出一个高要求，会给对方一个强烈的心理暗示，促使事情朝着自己规划的方向发展。这也间接地透露出你承受力的限度。如果对方同意你的观点，则会陷入这个暗示所设定的区间内，这样谈判起来你就主动多了。

3. 永远掌握话语主动权

只懂倾听不善于表达，同样无法成为一名优秀的谈判人员。要想在谈判过程中以势压人，销售人员必须掌握谈判的话语权，把自己当成一名演讲家、一个讲故事高手。我们平时很少有机会看到销售大师们会长篇大论地跟人聊天，但每次在公共演讲时，却都是那么振奋人心、铿锵有力、一语中的。

很多人在运用虚张声势这一策略时认为，它只是单纯地营造一种虚假的氛围，引诱客户上套。其实不然，虚张声势并不等于虚情假意，恰恰相反，在运用这一策略时更应该表现得极为真诚，去感化对方，让对方被你的真诚感动。

小贴士

谈判的关键点就是主动、主动、再主动，这样才能引导对方按着我们自己的思路去想、去做。如果你表现得过于被动，会被对方牵制，失去控制权，从而给对方留下很多攻击的机会。

讲“反”话，欲擒故纵化被动为主动

为了在谈判中占据有利形势，对方会不择手段故意刁难，目的是令你陷入进退两难的境地。这时，如果你懂得欲擒故纵的说话技巧，巧妙应对，就可以化被动为主动，反戈一击。

李阳是某厨具生产企业的推销员，公司新推出一种炊具，在产品订购会上他遇到两位客户：一对中年夫妇。他们是常年做厨具生意的商人，现经营一家大型厨具公司，此次来参加会展的目的是寻求新货源。

女士径直走到展台前，很快就看中一套餐具，而男士似乎对价格有些不同意见，双方因而产生了分歧。

面对这种情况，有多年销售经验的李阳深知，如果直接推销也许能获得女士赞同，但势必被男士断然拒绝。于是，李阳决定来一次欲擒故纵。

李阳说："我为您做一次烹调实验吧。"说着，他用客户看中的那套炊具做了一道"温火煮苹果"，并让她尝了尝。女士也的确是行家，惊叹道："与传统厨具相比，口味明显不一样。"这个小小的实验给这位女士留下深刻的印象。

试验后，女士已经产生了订购的意愿，直接问："现在能订购吗？"同行的男士立即表示反对："价格这么高，我们看看其他的再做定论吧。"

李阳则及时回话："多谢你们让我做完这次试验，不过今天恐怕是不行了，您看现有的都被预订出去了。"

女士急切地问："现在连货都没了？"

"两位实在抱歉，我们今天展出的产品确实有限，而订单又相对较多，所以如果想订货只能等我回公司申报后才能定下来。不过请你们放心，发货时我一定会记得告诉你们。"

女士更加急切说："限量是怎么个限法？"

这时李阳已经感到时机已到，说："为保险起见，你们可以先付订金，公司发货时我预先给你们运来。"

女士连忙暗示男士先付订金，男士尽管有些不悦，还是付了订金。订金拿到手后李阳心里踏实了许多，第二天马上联系客户发货，一笔订单就这样轻松到手。

例子中，李阳本可以马上给客户供货，为什么非要等到申报后？这就是欲擒故纵之术，由于客户是一方赞成一方反对，分歧很大，如果贸然硬性推销，势必产生更大的分歧，那么成交的几率充其量只有50%。而运用了欲擒故纵之术则能巧妙地激发女士的急切心理，弱化男士的抵御心理，从而缩小双方的分歧。

说“反”话，是欲擒故纵之术的精髓所在，就是对方犹豫不决时不逼得太紧，反其道而行之，减弱敌人的气势。就像打仗一样，当你无法击退对方时，与其硬攻击不如假装撤退，意在麻痹敌人，瓦解斗志。在对方士气低落的时候，再发动进攻则轻松破之。

在谈判过程中，不要与客户抬杠顶着干，否则，你说好客户偏偏认为不好，你说不贵客户偏偏认为贵，反而会增加客户的抵触情绪。那么，在具体的谈判过程中，如何运用欲擒故纵之术，将“反”说得登峰造极呢?

1. 善于幽默，出其不意

一家餐馆里明文规定，反对铺张浪费，可有的顾客在就餐时无视这条规定。一天两人来就餐，他们出手大方，点了满满一桌子菜，最后两人没能吃完，付款后准备起身离开。这时，热情的服务员走了过来，递给他们一个食品袋，笑着说：“二位别急着走呀！请你们吃不了兜着走。”话音刚落，两人忍不住一笑，感激地接过食品袋装下剩余的菜肴。

“吃不了兜着走”这句话本是贬义词，意在指“吃不消”，但服务员根据当时的情境把“吃不了兜着走”还原使用，使一句原本充满讽刺意味的话变得风趣、幽默，成了友好而温暖的劝告。

2. 无中生有，以假制假

无中生有是指在人际交往中，借用一个不存在的理由迷惑对方。善于说反话的人，常无中生有地找一些借口，让对方信以为真。

比如，捏造事实，或者将一些毫不相关的事实硬性联系起来，目的是制造一种假象，迷惑对方。

甲花六元钱买了一条围巾，见好朋友乙却只花了三元钱，于是就去找卖货的小贩：“你卖给别人才三元，卖给我是六元，你这是什么道理?”

“因为她是我亲戚，你知道吗?”

甲听后二话不说，又拿起一条围巾就走，小贩赶紧追上前：“你怎么不付钱就走?”

“因为咱们是亲戚。”

小贩的话是无中生有，是想气甲，可甲同样来个无中生有，如法炮制，两个人以假对假，荒诞幽默。

3. 移花接木

一般来讲，人在说话时双方讨论的话题要取得一致，这在逻辑上叫做“同一律”，而移花接木则巧妙地颠覆了这一观点，故意偷换概念产生与主题相反的意思，这样也就达到了正话反说的效果。

一位长官到连队巡查，问士兵：“伙食怎么样?”

一个多嘴的士兵回答：“报告长官，汤里泥土太多。”

长官听后，非常生气，大声斥责道，“你们入伍是为了保卫国土而不是挑剔伙食！难道这个道理都不懂?”

这位士兵斩钉截铁地说：“懂。”紧接着又补充了一句：“但绝不是让我们吃掉国‘土’。”

“泥土”与国土意义相差甚远，但士兵能抓住“土”这一信息，并将其与国家的形势、国土的沦丧和军人的职责密切地结合在了一起，既体现了军人对祖国的忠诚，同时还巧妙地达到了改善伙食的要求。

小贴士

将话“反”着说虽然会令客户暂时感到被冷落，但是可以解除他们的反感和警惕之心，这样一来，会更有利于推销自己的产品，达到销售的目的。

讲“硬”话，咄咄逼人逼迫客户“就范”

与软话相对的就是“硬”话，在谈判中为了避免剑拔弩张，相互妥协是一种非常好的解决方式；但是事情有可能会向另外一个方向发展，即对方拒绝接受你的妥协，这时我们不妨“赌”一把，说一些硬话逼客户“就范”。

“置之死地而后生”就是这个道理，既不给对方留面子，也不给自己留退路。

小王是某玩具制作公司的推销员，正值2014年儿童节，小王所在的公司推出了一批儿童玩具，欲与商场进行合作。于是，小王与商场负责人夏经理进行深入沟通，商谈合作细节。

商城方面也仗着财大气粗，反而提高了进店费用，双方互不相让，这令小王的极为苦恼。第一次谈判以失败告终。眼看着儿童节即将临近，如果再不抓紧时间，产品很可能会错过最佳的销售时机。如果是这样，那将会对公司造成巨大的损失。所以小王想出了一个办法，给客户施加压力，促使对方让步。

小王认为，商场是一家新公司，目前需要高质量的品牌产品为其打开市场，而自己公司所生产的产品本来就有固定消费群体，与全国很多著名的经营商都有业务往来。对于这家商城来讲，通过这个品牌可以获得更好的业绩，突破自己的经营瓶颈。孰轻孰重，对方一定能权衡利弊。

另外，这类玩具销售高峰期每年都出现在儿童节的前二十天，所以对商场而言，时间就是金钱，而且越临近儿童节谈判的筹码越低，此刻，用时间紧、供货量大来迫使对方做出妥协的策略也许有更大胜算。于是，小王大胆地使用此策略，告知客户自己的想法，并将自己正在联系多个合作商的信息透露了出来。

此言一出，夏经理果真着急了，小王趁机提出自己的条件，最后合作成功。

谈判中，双方都在或明或暗地给对方施加着各种压力，压力就像空气一样遍布在谈判桌上每一个角落，谁顶不住来自对方的压力，谁就会被突破防线。这个例子中，小王就是通过说“硬”话，做“硬”事，向对方施加压力，突破了对方的心理防线，从而获得谈判的主动权。

一项心理实验表明，人在巨大的压力情况下最容易动摇。在谈判时，销售人员要善于利用这一心理抓住机会，通过言语施加压力，迫使对方作出决定。值得注意的是，这是一种非常规的方法，通常只限于特殊的客户，特定的条件。一般来讲，只有符合以下三个条件才可使用：

1. 认清客户类型

俗话说，“在什么山头唱什么歌”，沟通也是同样的道理，对什么样的人说什么样的话。“硬”话，只有针对特定类型的客户才能起到应有的作用。

（1）优柔寡断型客户

这类客户在谈判桌上表现得优柔寡断，迟迟无法做出决定。始终怀着等待、观望的态度，而且极容易受外界的干扰，对于这类客户销售人员需要用强硬的语言去威逼他们。

（2）自以为是型客户

这类客户表现欲极强，喜欢炫耀自己，喧宾夺主，抢着说话。而对于别人的话通常表现得不屑一顾，对于这类客户需要用强硬的语言刺激他们。

2. 明确谈判形势

谈判语言需要根据谈判形势的变化而择优使用，带有强迫意味的“硬”话，只有在比较紧迫，或已经逼入绝境的情境中才可以使用。

（1）处于绝对优势

使用这个策略之前要分析一下双方的谈判形势，通常在处于绝对的优势时成功的几率比较大。就像例子中的小王，对客户的心理已经有了清晰的认识，才敢大胆、主动进攻。反之，如果处于劣势反而会适得其反，被对方反将一军。

（2）逼入绝境

还有一种情况适合运用这种语言，即谈判的收尾阶段，你已经满足了对方提出的条件，降到了最低限度，或者是已无法再担负由这笔交易所造成的损失；或者在时间、精力等方面已经有所消耗才可以抛出最后通牒，这时对方已经无路可退，难以抽身。

3. 有充分证据

用咄咄逼人的口气与客户谈话，不是义气用事，更不要认为是威逼利诱，而是要有充分的证据。只有在充分掌握事实依据的基础上，用事实说话，才能让客户折服。比如，拿出客户方自己的观点，或已签订的文件进行反驳。

小贴士

说“硬”话，最终目的不是将对方逼得无路可退，而是给对方施加心理压力。所以，销售人员在采用这种战术的时候，应该设法给对方多留一条选择的路，至少在对方看来是两害相权取其轻。

促成成交，说服语带着力度说

经过激烈的谈判，销售活动便进入一锤定音的阶段——签单。这时客户往往还会留有最后一手“牌”，并且会利用这手牌进行殊死拼搏。在这个关键时刻，销售人员要善于应变，力促成交。

对方反悔——先稳定局势，后彻问原因

经常遇到这样的客户，原本已经谈妥的事情，在准备签单时却开始反悔。很多销售人员感到纳闷：前后反差为什么如此之大？客户反悔就像埋在签单前的一颗不定时炸弹，随时可能引爆。

现实中这样的客户非常多，几乎每个销售人员都遇到过。

张军是某皮草公司的推销员，日前，他与代理商林某就代销合作展开了谈判。从见面到结束，整个谈判过程非常顺利，双方一拍即可，并共同草拟了一份合同，准备第二天正式签约。

第二天张军打电话预约时，对方突然提出暂时不签合同，正欲询问原因对方就以“等几天再说”为由挂掉了电话。第三天打电话询问，对方还是以同样的理由回绝了他。

接下来的几天，张军边静静地等待，边抱怨对方不讲诚信，但是从没有采取任何积极有效的措施。

此事最后就不了了之，前后浪费了近半个月的时间。

在这种情况下，销售人员通常是被动接受，无休止地抱怨；或者果断丢弃，开始寻找新的客户。例子中的张军就是属于这种情况。其实，这两种态度都是不可取的，出现了问题要去找原因，而不是被动接受、消极对待。

比如，考虑一下是否有些遗留问题没有解决，或者谈判后的其他行为让对方产生了疑问等。据了解，客户在关键时刻反悔一般有两种心理：

◎ 一种是观望心理。观望是目前拿不定主意，打算视情况而定。

◎ 另一种是拒绝心理。对方已经心中有数，决定不购买。

这两种心理皆源于付出的痛苦，购买就意味着金钱的损失，损失就会带来痛苦，因此，大部分客户潜意识里都会倾向于拖延而回避痛苦。由此可见，客户之所以反悔，其原因是心理因素。

因此，建议销售人员与客户沟通时先从心理疏导入手，努力减少由于付出金钱而带来的痛苦。随后，再用推销手段耐心、和气地展开交流，让客户了解购买产品所带来的价值，稳步推动客户进行购买。

我认为，只要做好两点，就可以解决这类问题：

1. 让客户明白买比不买好

客户的拒绝心态只是企图用不购买来取代花钱的痛苦，作为销售人员千万不要泄气，要以子之矛攻子之盾。你觉得花钱是一种痛苦，我让你觉得不花钱更痛苦，这才是最伟大的推销员所用的话术，因此，有一点点希望就要争取对方购买。

比如：

“这批货物几乎被订购一空，剩下的几套最多撑两天的时间，再晚恐怕就买不到了。”

“这套书非常适合开发宝宝的智力，也正适合您现在的孩子，现在不买，等孩子再大点就晚了。”

2. 让客户明白早买比晚买好

客户的观望心态只是为了回避掏钱带来的痛苦，并非不认可产品，既然客户认可了产品，我们就可以利用产品的利益点反复刺激他，两害相权取其轻，用反悔购买所带来的痛苦来压迫对方，他自然会做出购买的决定。

比如：

“您很幸运，现在正值我们特大优惠期间，马上签合同还能以优惠价成交，过几天恢复原价就必须走正常价格，您权衡一下，哪个合适？”

“穿衣服图个舒服、新鲜，这批衣服时尚新颖，穿出去保你拉风，目前只有我们专卖店有销售，我不否认以后其他店也会卖，价格可能也会有所下降，但那时会满大街都是，您若那时再穿出去，效果会大打折扣。”

小贴士

经常反悔的客户，有观望、拒绝的心理，同时还有矛盾的一面，即往往会为错过购买时机而后悔，因此，对于销售人员来讲，有一点点希望就不要放弃，这类客户回头的几率也最大。

对方犹豫不决——排解担忧，合理推荐

与常常反悔的客户相比，还有一类客户也是销售人员最不愿意面对的类型，即在签单时表现得优柔寡断、犹豫不决。从心理学上分析，人在面对陌生人或物时通常都会或多或少地产生犹豫心理。客户决定购买前，也怀有这样的心理：再等等，再看看。

客户对产品产生兴趣而又迟迟不肯购买，正是想得到外界更多帮助的表现。因此，当发现客户有这种表现后，要知道这并不意味着对方没有购买之意，而是心里莫名的恐惧在作怪。

在这种情况下，销售人员要学会逐步引导，为客户解除担忧。

茶叶推广员池某与代理商杨总达成了一项代销协议，由于尚未制定出合同细则来，双方口头约定细节问题，择日再谈。

大致的合作意向已定，池某也松了口气。三天过去了，池某拿着合同拜访杨总，却发现对方有意回避这个话题，不愿意签单。客户已经对新茶产生了兴趣，为什么又表现得犹豫不决？思考之余，她开始同客户谈话。

“杨总，您还有什么异议吗？”

“我再考虑考虑，过几天再说吧。”

“看来您对我们的产品还是很有兴趣的，不然也不会花这么多时间去考虑。”池某缓缓说道。

“您说得对，最近事情太多，我们把这些事情先放放如何。”

“我非常赞同您的想法，买东西就应该慎重考虑清楚。您遇到什么麻烦不妨说出来，说不定我可以为您分担分担。”

杨总听了池某的话，便点了点头：“也不好说。”

池某趁此机会紧接着说：“如果是关于产品方面的问题，我想我可以帮上忙。”

此时，客户想了一会儿说：“其实我担心市场的问题，您也知道目前的茶叶市场已经趋于饱和，我不确定你们的新茶上市之后有多大利润空间……”

听到这里，池某已经明白对方的言外之意，对方说利润空间小，意在表示进价高。想到这，她果断地说：“这个您放心，首先我们的产品质量绝对是受市场欢迎的。这样吧，我们第一次合作，为了保证您的利润我可以在原来的价格上降低2个百分点……”

这番话令客户的担忧减少了很多，杨总也点头表示认同。池某趁机把订单放到客户面前，对方迅速签下了自己的名字。

池某察觉到客户在刻意回避合同问题时，不失时机地深入了解，并不断启发客户说出心中的疑虑，终于明白了客户犹豫不决的原因。从而有针对性地解决问题，这是成功成交的关键。

客户的任何疑虑都有可能成为拒绝购买的理由，销售人员如果不能及时地察觉到这一点，就很有可能失去客户。所以，当客户表现得犹豫不决时，必须仔细研究并运用各种办法，让客户将心中的疑惑表达出来。那么，如何化解客户心中的疑虑呢？一般有三步：

第一步：对客户的疑虑表示认同。

客户的任何疑虑都并不害怕，这不是拒绝的信号，相反，是想去更深入地了解的征兆。因此，面对客户的疑虑，正确的态度是先去认可，表示理解，以积极的态度去面对。力争为他们创造一个好的渠道，让客户把不满倾诉出来。

第二步：认真倾听，耐心沟通。

很多时候客户的疑虑无法得到解决，根本原因是缺少沟通。当客户对产品不满，或者对你本人不满时，你一定要重视起来，认真倾听，并把你认为重要的地方记录下来，表明态度以示负责。即使有些问题由于客观原因而无法得到圆满解决，你的行动也一定会让客户感到满意，从而使矛盾趋于缓和。

第三步：采取积极的补救措施。

找到了对方犹豫不决的原因，就要及时采取补救措施。帮助客户确定购买意向，提出解决方案，让客户感到：这些问题能得到解决。

客户犹豫不决，有时是因为性格问题，有时是由于对产品的质疑。在提出解决办法之前，一定要先辨清类型。针对前者要侧重于心理引导，这类人天生优柔寡断，做事拖拖拉拉，这时不必急于催促对方购买，而是先取得其信任，消除戒心。针对后者则要侧重于及时补救，因为他们的疑虑来自于对产品的不满，让其看到实际利益才有效。

小贴士

客户的犹豫不决更多的来自对产品的不了解。面对这类客户，销售人员一定要保持冷静，能当场解决的一定要当场解决；不能解决的要记录在案，从长计议，真正做到把客户的利益放在首位。

吹毛求疵挑毛病——做出妥协，满足心理需求

任何产品都存在一些缺陷，这些缺陷看似很小却是最不稳定的因素，有时会成为成交的绊脚石。当然，这与客户也有很大的关系，有的客户爱鸡蛋里挑骨头，在这些小毛病上大做文章。其实，他们这样做目的很明显，就是获得更多主动权，比如，趁机要求退货、降低价格等。

都说客户是上帝，销售人员尽量不要与“上帝”发生正面冲突，唯一可做的就是，尽量做出妥协，消除由产品自身带来的不利影响。细节问题处理不好，再小的问题都可能会酿成大祸。

服装推销员梁天终于松了口气，因为这场长达2个小时的推销终于要结束了，想着马上要交货了就一阵欣喜。不料，却因为一个小小的“搭头”问题再起波折……

客户康女士是一个十分挑剔的人，任何一个细节做不好都会令她不满。

客户：“我不是要白色的吗?”

梁天：“对了，康女士，这正是我要跟您商量的一个问题，店内正好没有白色了，能不能用红色代替?”

客户：“我倒是喜欢红色，但正装也是红色的，披肩最好选白色，红白相配，色彩分明，看上去充满活力。”

梁天：“康女士，非常抱歉，你要的白色那款正好没有了。”

客户“我买一套2000多元钱的衣服，你们赠送一条披肩也这么费劲?”

梁天：“看您说的，因为这种临时搭配的东西，本来货就不全，既然是免费赠送您就别较真了。”

客户：“既然这样我不买了。”

梁天：“我为您推荐其他颜色吧，灰色与红色搭配也不错啊。”

客户：“算了，我不买了。”

说完便离开了。

例子中的客户康女士原本已经同意购买这件衣服，却因为赠品“颜色”这样一个小问题，瞬间改变了主意。细细分析一下，最终还是这位推销员服务态度的问题。尽管客户有些过于较真，但作为销售人员不但没有极力去解决，反而嘲笑，告诉客户“不必较真”。

客户为我们带来生意，我们要为客户送去满意的服务！在这一过程中为客户提供周到而全面的服务就成了关键。其中，服务就包括态度、行为等方面：

1. 主动承认产品存在的“问题”

销售人员永远不要把产品的缺陷当作秘密，因为这是对客户的一种欺骗行为。如果你事先向客户说清楚，顺势将产品“缺陷”背后的劣势和盘托出，起码可以在客户心中树立一种诚实的形象，这也为你接下来的推销奠定了一个基础。因为，如果客户坚持认为产品的缺陷比较严重，拒绝购买的话，也可以推荐其他类似的产品。

2. 赔礼道歉，缓和客户情绪

当客户反悔后，大部分销售人员心头都会一阵冰凉，但是，一定要牢记，始终要保持平和的心态，沉着冷静，及时道歉，安抚客户。比如，销售人员：“真对不起，是我在某方面的工作做得不好，让您失望了……”销售人员：“真对不起，给您造成诸多不便，不过您别生气，我一定为您解决好这个问题。”

3. 巧妙应答，优势转化

任何事物的优劣势都是相互转化的，在某些特定的情况下，劣势可以转为优势。这完全在于销售人员如何看待问题了。如果能够以积极的态度、独特的视角用心推销的话，就可以结合客户的实际需求实现优劣势转换。所以，当客户对你提出产品存在某些缺陷的问题之前，你要对每一个不利点做好心理准备，将缺点当着客户的面提出，尽可能弱化产品的劣势，从而将其转化成优点。

小贴士

产品存在某些缺陷的时候，即使是微小的不足，也会让客户感到物非所值。这时销售人员要格外注意自己的服务态度，良好的服务态度可以很好地缓解客户心中的不平衡感。当然了，你也需要作出妥协的姿态，满足对方的要求。

要求降价——巧妙拒绝，迂回补偿

前几节，我们讲过价格是谈判阶段双方争论的焦点，其实，远不止如此。可以说，价格贯穿于整个推销过程的主线。即使到了付款那一刻，客户也不忘利用一切可利用的机会最大限度地砍价。

在客户的潜意识中，已经形成了任何价格都有“水分”的不良印象。即使价格非常合理，他们也希望与你讨价还价一番。很多销售员都遇到过这样的问题：对方无休止地砍价，即便已经确定了最终价格，仍无法达到他们的心理期望。

一位先生在商场里选购一件西服。

客户：“这身西服多少钱？”

导购员：“1899 元。”

客户：“不打折吗？”

导购员：“这就是折后价。”

客户：“几折？”

导购员：“八折。”

客户：“打折后还这么贵，不能再便宜点吗？”

导购员：“这是新款，不能再优惠了。”

客户：“您看，我也是真心诚意地想购买，你报一个最低价吧。”

导购员：“这样吧，最多下降 100 元怎么样，这可是我们的底线。”

客户：“那好吧！”

这样，双方确定最终价格为1799元。准备付款时，客户又企图砍价：“去掉零头吧。”

导购员：“实在不行了，要就要，不要就算了。”

客户放下衣服就走了。

不断砍价的确令很多销售员头疼，而且有时确实已经降到了底线。这时，对于销售人员来说，可以选择拒绝。但是要注意方式方法，不能直截了当地说“那我们只能这样了”，“实在不行就算了”，等等。例子中这位推销员就是典型，买过衣服的人应该都知道，客户要求去掉零头是一种正常要求，并没有到非去掉不可的地步。

而这位导购员呢，丝毫没有考虑对方的感受，直接拒绝了对方的要求，这相当于断了自己的后路。自己都这样说了，客户还能赖着不走吗？

换个角度想一下，如果这位导购员给自己留一点回旋的余地。比如说，“这个已经不在我的权限之内，我帮你问问老板吧”，这样的答复对客户心理也是一种缓冲，起码让对方知道，你已经尽力了。

并不是任何人都能接受一个人的直接拒绝，有时候即使对方心里认可，碍于面子也很难接受。所以，销售人员拒绝客户一而再、再而三的“降价”要求时一定要讲究技巧。

以下是常用的四种技巧：

1. 适当补偿

一般来讲，当客户提出降价要求时，意味着希望得到一定补偿。值得庆幸的是，主动权还在你手里，补偿多少、补偿什么以及以什么形式补偿都由你来定。掌握住了这几点，就不必为客户的狮子大开口而惊慌失措了。

2. 避开价格说价值

俗话说，一分价钱一分货，这句话在任何时候都是真理。产品的价格在明处，产品的价值在暗处，价格是价值的直接体现。当客户只看到价格而看不到价值时，销售人员应该帮助客户分析，通过对比，让客户认识到价格的公正性，将客户的视线由“价格”转移到“价值”上来，从而化解客户的价格异议。

3. 利用优惠活动

很多销售人员为了最大限度地吸引客户，往往过早地提出优惠价格，这样，虽然吸引了客户的不少关注，但也失去了一个重要的谈判筹码。打折、赠送礼品是一种促销手段，目的是加快销售，但一定要用在关键的时候，比如，谈判中期、后期都是不错的选择。

4. 永远不能暴露价格底线

每款产品都会有一个价格底线，在销售过程中，销售人员千万不可一下子，或者说永远不能暴露这个底线。一旦暴露，你将会陷入两难的境地，失去选择的余地。如果对方继续砍价，就会失去一切谈判筹码，交易将会失败。

小贴士

客户对产品价格体系的形成是一知半解的，因此在购买时都有不断压价的心理，而且这种心理随着谈话的深入会不断强化。当客户提出降价要求时销售人员可以选择拒绝，但一定要巧妙灵活，并给予一定的心理上、物质上的补偿。

没带那么多现金——减轻付款压力

很多客户在付款时常以“没带那么多现金”为由，要么拒绝，要么一再砍价。如果这样，你可以断定对方只是找借口，真实目的是要你降低价格。但很多销售人员却因为没有理解客户的真实意图而做出错误的决定，彻底将客户拒之门外。

比如，直接对对方说：“既然这样，我给你留着，回头再来买。”或者，态度来个180度大转弯，指责客户：“没钱还看这么久。”

丁锌推销某机器设备，市场价为20000元，客户对质量表示认同，但在付款时一再要求降价。小丁已经意识到会有这种情况发生，考虑到自己的报价和市场价之间只有2000元下降空间，于是对客户说："你的状况我了解，看在你这么有诚意的份上，我对你优惠1000元。"

"1000元？远远高于我的预期，而且我并没有这么多资金。"

"我们也不是第一次合作了，我会尽力配合你的工作，在我的权利范围之内只能为你降这么多。"

"如果你再下降500元，我就直接付款。"

"看你也是爽快人，但是说实话，产品的价格也不是由我个人说了算，我需要向公司申请，但具体能优惠多少现在没有定论。"

最后双方达成一致，再优惠200元。

让价，是应对"现金不足"、"资金周转困难"客户最直接的方法，但不能作为唯一的方法。如果数额特别巨大，这种方法往往也无济于事。最根本的是想尽一切办法减轻客户的付款压力。比如，分期付款、设定付款日期、延长付款周期，等等。

1. 延长付款周期

如果客户一时难以付款，你即使手握合同也无法保证如期收回款项。这个时候，就不能老拿合同说事了，最好的办法就是密切关注对方动向，注重做出改变，比如，延长收款周期，促使客户尽快付款。

客户："我现在的资金太紧张了，能不能推迟一个月。"

销售人员："张总，我知道你的难处，但这是违反规定的，这样吧，如果你今天结账，我给您一定的让利，可以得到3%的现金折返，这可比你放在银行的利息还划算啊。"

2. 提高首付款

在汇款问题上，很多客户会选择分期付款，比如，第一次付款50%，第二次再付50%。这样销售人员就要注意一个技巧了，可以想办法提高首付款，以减少回款次数。比如，对方欠你30万元，想先支付50%，常识是你要提出

20 万元的回款要求。这时客户必然会讨价还价，最后也许只能达成 15 万元的共识。

优秀的销售人员在向客户索要回款时，会先提高收付款额度，然后再逐渐下降。实在不行，自己主动降低额度，也可让客户感受到你的诚意和大度，这是一种谈判技巧。

3. 以“断货”为由，给对方施加压力（限于大宗交易）

很多大宗的交易通常都是交货在前，收款在后，所以会出现货款流失的情况。在交易过程中，这是常见的一种情况，当客户提出“资金紧张”的时候，销售人员首先应该以“断货”来反击，如果对方真是资金紧张，则断货是理所当然；如果对方是以此为借口，拖延付款，这一招也非常灵。

客户：“拿出 100 万元对我压力很大啊。”

销售人员：“易总，我知道你的难处，但是我出货、你出钱，这才是买卖啊，如果你不付款，我们的供货周转会很困难。”

对于一些客户来讲，需要直接报价，而对于另一些客户来讲就必须先对其进行试探，对客户的购买力有一定的了解之后，才可以采取有针对性的报价策略。所以在与客户谈判的过程中，要先搞清楚对方的真实购买力，这样在讨价还价中就能最大限度地占据主动。

> **小贴士**
>
> 当客户表示“没有足够的现金”时就意味着要你降价。销售人员要顺应客户的心理要求，在允许的范围内做出让步，如果已经到了不可再让的地步，就要最大限度地降低客户的付款压力。

提出无理要求——不卑不亢，软硬兼施

很多销售人员对客户的服务可谓无微不至，然而不少人正是利用了销售人员的这种心态，在最关键的时候提些过分的要求。还有的客户善于利用感

情来提出很多无理的要求。比如，“我们是老相识了”，“我们认识不是一天两天了”，“我们会长期合作的”，等等。这往往会令销售人员陷入两难的境地。

既不能违背公司的规定，又不能得罪客户，面对这样的窘境，很多销售人员会变得极为被动。

某推销员推销一款按摩器，由于这是刚刚上市的产品，公司规定对任何客户都不优惠。然而，总有些客户提出这样或那样的要求。

销售人员：“这套按摩器是刚刚上市的新产品，对于治疗……有很好的效果。”

客户：“是吗？与别的产品有什么不同？”

销售人员：“一是功能上增加自动键，操作起来更方便，二是外观上做了改变，更便于携带。”

客户：“多少钱？”

销售人员：“988 元。”

客户：“比别的贵 200 多呢，能不能打个折？”

销售人员：“公司有规定，新产品都是原价销售。”

客户：“一点都不优惠吗？”

销售人员：“您可以享受积分活动，消费会有优惠，但目前打折实在不能答应您。”

客户：“我要是多买一套的话呢？”

销售人员：“不好意思，能打折我还不给您打折吗？”

客户表现得有些无奈。

销售人员：“这样吧，这次我们先以原价成交，顺利的话我可以向公司申请。”

客户：“我的要求就是现在有个优惠价，除此之外我什么要求都没有。”

客户摇摇头走了。

总体来看，该销售人员的话术是十分失败的，当客户要求优惠的时候，他把所有的责任全部推卸到公司的头上："不行，这是新产品，公司有规定，原价销售。"这样的话虽然可以堵上客户的嘴，但同时也会让客户失望。

这里列举三种技巧，用以对付那些喜欢提无理要求的客户，是非常有用的。

1. 避其锋芒，刻意回避

对于提过分要求的客户，要避开他们的正面攻击，引导他们走一条双赢的道路。跟对方玩空手道，一来二去，只要对方对你屡击不中，那么他自然就会放下拳头。

2. 故作镇定，安静聆听

当客户主动献殷勤、套近乎时，不要急于作出回应，对客户的行为予以鼓励，要神情自然，安静地聆听。当他们的长篇大论告一段落之后，你方可提一些建议和计划，巧妙地拒绝。

3. 公开表达对客户的意见

利用上司或公司作为挡箭牌，比如，需要与领导商量一下，转换时间和地点等，以此来获得考虑的时间，使当时的窘境得到缓解。

小贴士

当客户提出不合理，或者对自己不利的要求时，很多销售人员由于怕得罪客户，一让再让。即使客户的要求很过分，也缺乏一个明确的态度，含含糊糊，岂不知这反而会使他们变本加厉，产生更大的贪婪之心。

催收账款，讨债语学着左右说

催款，是销售活动中最重要的环节之一，随着买方市场的到来，先交货、后付款这种交易方式越来越普遍，对于卖方来说，最痛苦的问题是如何收回货款。因此，掌握催款话术也是销售人员必须掌握的内容。

电话催款，及时提醒

为了更便捷地，以更低成本催收账款，电话的方式应成为首选，况且有时候不得不依靠电话来完成。比如，距离欠款客户较远，所欠金额较少，或者盲目拜访可能会给客户带来不便等。在这些情况下不得不使用电话沟通。

尽管利用电话催款相对方便、快捷，但难度也是比较大的，没有一定的沟通能力，不掌握一些沟通技巧往往很难操作。有很多销售人员经常因为不会利用电话而导致沟通失败。

我曾经与一位有丰富经验的专业催款人士有过沟通，我们聊到过这件事情，后来，我总结出电话催款的一个基本程序，包括四步：

①拨通电话，先介绍自己是谁。

②告知客户欠款的具体情况，越具体越好。

③当客户表示为难时，询问对方的难处，进行充分的交流。

④如果无法及时还钱，将采取怎样的手段。

我们来看一个例子：

销售人员："张总您好，我是××公司的小洋，这次给您打电话要谈的是上次货款的事。按照规定月底应该全部结清货款，方便的话是不是月底汇过来？"

客户："小洋，我一直惦记着这件事呢，但最近资金确实有点周转不开，推迟一个月怎么样？"

销售人员："这样很难办吧。"

客户："我们也不是第一次合作了，不看僧面看佛面，否则我的压力很大啊。"

销售人员："咱们约定月底结清全部费用，您说我怎么办啊。"

客户："这样吧，我分两次回款，先回50%，剩下的下个月底付清？"

销售人员："贵公司业务面广，资金紧张我也听说了，但是您也得体谅体谅我。先付80%吧，您这么大的公司凑凑二三十万元还不是小事情。"

客户："我这里的资金都投在项目上，一个萝卜一个坑，实在难挪用。"

销售人员"好吧，这已经是最后底线了，为了将来能够更好地合作，我们双方都做些让步，您先支付60%，我也好向公司有个交代。"

客户："那好吧，暂时先这样。我会马上汇款过去。"

销售人员："谢谢您的理解，希望我们合作愉快。"

上述例子中的这位销售人员，其催款流程基本上就是按照这四条来进行的。欠款虽然没有全部要到手，但结局还算圆满，为将来的更好合作奠定了基础。可见，只要方法正确，很多客户还是容易沟通的。

我认为，在整个催款过程中每个人必须要牢记一点，销售人员要充分利用声音、声调、语气来展现自己，获取客户的认可；再通过对方的声音、语气等，弄清客户的真实意图，通过对方透露出来的各种信息研究下一步对策。

除此之外，还会受到其他外在因素的影响，这些因素包括：

1. 环境的选择

选择一个更利于双方进行电话沟通的环境：比如自己事先选择一个相对安

静的地方给客户打电话，或者尽可能地选择一个客户方便接听电话的时间进行电话催款等。

2. 时间的选择

给对方打电话的最佳时间，是在刚开始上班的十五分钟之内，通常这是人心情最好的时候，而中午午餐、午休时间不宜进行电话催账。

另外，在日子的选择上也有忌讳，每周的星期五是催收吉日，因为这时候大家都在期待两天假期的到来，心情自然会更放松。其次，是周四、周二。周一、周三最好不要前去催款。另外，如果你知道对方在某一天进账，其前三天也是电话催收的“吉日”。

3. 沟通方式的选择

为了避免对方的防卫心理，最好开门见山，直接说明来意，先说明应收款的数额，让对方有心理准备，这样可以表明我们对收账的关注和收回的决心，给客户一种无形的压力。当然，这并不是指一开始就表现得咄咄逼人，断绝对方回旋的余地。

4. 注意力集中程度

通过电话沟通，如果你有任何小动作，对方听起来特别都会明显。比如，吃东西、抽烟、嚼口香糖或喝饮料，这除了是礼貌问题，更严重会影响到通话的质量，让客户感受到你不够重视尊重，都有可能被误解。所以，任何会让你分心的事情，都请在结束你与客户之间的谈话后，再去处理。

小贴士

电话催款最忌讳的就是对客户不尊敬，稍有分歧就一番嘲讽、奚落，这种态度是不对的，电话催款只是催款工作的开始，一旦不成功势必还会上门拜访，如果把自己的路堵死只会让自己陷入被动。

上门催款，直面详谈

销售人员催收欠款都少不了上门这一环节，尤其是当电话催收、信函催收方法无效之后就必须上门催讨。与前两种方式相比，上门催收面对面地交谈有诸多好处。比如，有助于更深入、更全面地交流，有利于直接掌握对方的信息，了解拖欠账款的真正原因。

某冰箱制造公司驻北京办事处销售人员殷昌，在与一家代理商合作中被拖欠货款近10万元。多次索要无果，且对方以冰箱“销量太差”为由处处刁难。

殷昌亲自来到该公司负责人办公室：“齐总，最近冰箱销售怎么样啊。”

对方的态度却不冷不热，轻描淡写地说：“不乐观。”

殷昌心想，又是老一套，不过他从言谈中感觉到，对方担心的并不是冰箱的销量，而是想赖账。

殷昌故作神秘地说：“齐总，我们刚刚接到总部通知，说我们有几款冰箱下个月实行降价促销，你库存还有多少？”

“还有一多半。”

“那得抓紧消化库存呀，按照公司规定只有全部清库之后才能订购新的特价品。”

说到这，对方再也沉不住气了，连声说：“短时期内是不可能消化掉的，你能不能想想办法帮我把这些货退掉。”

“如果你库存多的话，也不是没有可能，能直接换新的多好。”

客户一副急切的样子：“无论如何你也要帮我一次。”

“直接退恐怕不好办，公司有要求，这样吧，可将这些货换成另外一个牌子。”

“行，行，怎么都行，你赶紧帮我办了，回头我请你喝酒。”客户一再要求。

殷昌勉为其难、半推半就地答应回去试试。

故意拖了几天后，才告诉客户“公司批了，可以换货”。后来的结果不说也知道了，殷昌拿库存抵押货款。

事后，客户也痛骂殷昌是个奸佞小人，其实在殷昌心里早已打定主意，这样的客户不合作也罢。

很多销售人员在面对老赖时毫无办法，只有束手就擒，殷昌在索要账款没有像大多数销售人员那样苦苦哀求。而是先“按图索骥”，后“请君入瓮”，最后来个“瓮中捉鳖”。一步步地将客户引入事先设好的套中，手段虽然看起来有些低劣，但不失为一种有效的方法。

存心赖债的客户大概不会坐在家里恭候你上门找麻烦，必然会闻风而逃，碰上这种人运用常规的方式，只是浪费时间和精力，所以如果你决定上门催款就必须练就一套“反催债”的招数。

一个具有丰富经验的催款人员可以在各种场合从容不迫地达到自己的目的，完成自己的催款任务。上门催款犹如上战场一样，没有准备的仗往往是打不好的。那么上门讨债要准备什么呢？需要注意哪些问题？我总结如下：

1. 上门前调查客户行动轨迹

对于想赖账的客户而言，他们就是专门躲避你的，如果你连对方的行动路线也不清楚，那一定很难逮着客户。所以，先要不动声色地调查债务人到底在哪里，然后有针对性地去围追堵截。

2. 债务证明的依据

先把你手上的证据做好复印件，上门催款的时候只要出现你的复印件就好，以免对方狗急跳墙，来个毁灭证据，这个例子是不少见的，大家必须给予足够多的重视。

3. 提前分析对方可能的借口

提前做准备，以免一时反应不过来，被对方的借口扳倒。你上门催款的时候，对方都会给你一些借口，在对方的借口方面必须做足够的功课，向对方做出很好的反击。

4. 做好催款失败的准备

即便不能实现清欠账款的目标，也要确保得到客户的确切答复，客户给予的答复最好以客户亲笔签名的文件的形式保存下来。

> 小贴士
>
> 上门催款是最传统的一种方式，也是最有效的一种方式。亲自上门与客户交流不但能促使客户尽快下决定，而且还可以最大限度地避免客户逃债。

利用人情关系追欠款

中国人最讲究“人情”，一个篱笆三个桩，一个好汉三人帮，这是我们社会生活中的普遍现象。人情这个词也是人际关系中最为显眼的一个字眼，利用“人情”讨债，就是指利用日常交往的各种情感因素，来调动欠债人的愧疚感，使之自愿履行还债义务。

刘某是某高档白酒推销员，负责向各大经销商推销白酒，章某是她的客户之一，自营着一家烟酒专卖店。双方业务本来不少，却因章某不讲信用，多次欠货款不还，刘某欲与其断绝业务来往。苦于一笔货款还被章某压着，就一直没有捅破这层窗户纸。

为了早日要回货款，刘某可谓煞费苦心，甚至想起了动用“内讧”的怪招。她了解到章某是一位典型的“妻管严”，而其妻子又为人正直，不贪不占，如果让其从中说情，说不定会有转机。

然而，这是一着险棋，如果其妻帮忙自然会轻松达到目的，如果不肯帮忙反而会更麻烦。想到这，刘某心中也有些忐忑，最终她还是借机向章某妻子透露了其夫搞不正当经营竞争，欠款不还的“内幕”。

第二天，刘某就收到欠款，原来，妻子得知丈夫的行为之后，勃然大怒，当天就下了最后通牒，逼迫限期还款。

例子中这位推销员巧妙地利用的欠债人妻子为人正直的性格特点，成功地达到了债务催讨的目的。既没有运用烟、酒、人民币等“常规武器”，也没有施放一把鼻涕一把泪的“催泪瓦斯”，这就是“人情”的作用。

利用人情实施讨债，关键是要让欠债人“抹不开这个情面”，而不得不还债。具有这样作用的人情，可以是肌肤之亲、血缘之亲、类血缘之亲、超血缘之亲、利益之亲等众多因素。依据丈夫（妻子）、父母、兄弟姐妹、亲朋好友以及与对方关系密切的人，人情与债的关系通常有六种：

◎ 走夫妻路线。
◎ 走父母路线。
◎ 走亲属路线。
◎ 走好友路线。
◎ 走客户路线。
◎ 走上下级路线。

我们可以把上述六种路线分为两大类：

1. 直接情感路线

一种是与当事人之间有直接情感关系，比如，夫妻、父母、兄弟姐妹，这一条路线的成立基于血缘关系或类血缘关系以及相互之间的传统观念、宗法关系等。一般来讲，这种关系往往会成为人们有意“攻打”的主要外围阵地。尤其是对于那些钟爱家庭、重视家庭的欠债人比较有效，更为适合。

这条路线能否畅通取决于下面两个因素，这两个必要条件，缺一不可。

①“枕边风”的风力应有足够的强度，或者经常吹、反复吹能够达到一定的强度。

②当事人的妻子或丈夫在某一方面或某些方面意志薄弱，爱占小便宜、有

特殊爱好、心胸较为狭窄、富有同情心、偏爱虚荣等。

2. 间接情感路线

另一种是通过第三者联结双方当事人的间接情感，这层关系主要来源于朋友、上下级之间。较之直接情感关系，这种方法运用范围更广，操作更容易，但是效果却略逊一筹。走这条路线的关键在于打通第三者的关系，要确保第三者甘愿从中斡旋，所以，善于发现、善于发掘、善于利用是成功的一大法宝。

> 小贴士
>
> 借助与欠债人有情感联系的第三人来达到讨债目的，是讨债人可以利用的最有效、最不伤情面的方式。但运用这种方法必须有一个前提，即第三人，无论是有直接血缘关系的人还是有间接关系的人，对欠债人都要有足够的影响力。

适度示弱，引起客户的同情

强者往往会同情弱者，这也是强者体现自身价值和地位一种重要形式。如果你对一个人施以同情，双方的关系就会由陌生变得熟悉、由疏远变得亲密，变得更加和谐起来。在催收账款时，销售人员可适度示弱，引起欠款客户同情，从而最终达到催款目的。

周凯是某餐具生产企业的一名普通推销员，接了某大型餐馆的订单，对方定制了一批托盘。双方合作非常顺利，约定先预付30%的款项，剩下的货一个月内付清。周凯如期向对方提供货物，可收款日期逼近，对方每次都以开业没时间为由拒绝回款。

这可难坏了周凯，几次差点因冲动直接去要款。可转头一想，对方是个商场老手，想必对方早已准备好，如果贸然前去必然吃闭门羹，于是他决定采用主动示弱法。

周凯：“王总，您看一个月的期限已经到了，咱们约定剩余的70%的货款是不是清算一下。”

客户：“没问题，其实我刚才还想跟您说下这个事，最近餐馆正忙着开业一直没脱开身。”

周凯：“恭喜发财，货款的事还请费心。”

客户：“小周啊，这事别着急，我忙过这一阵马上给您汇过去。”

周凯：“我个人宽限几天没问题，您也知道这都是公司的规定。我们都是得按章程办事不是?”

客户：“那倒是。”

客户：“我这边催得也紧啊，您这笔货款关系着企业资金的周转，如果您不帮这个忙真的可能会陷入困境。”

客户：“您说得也太严重了。”

周凯：“王总，我说的完全是实话，您也知道我们做的都是小本买卖，资金链是最大的问题，无法完成的话结局就是这样。”

周凯像小媳妇诉苦似的，倾吐肚中的苦水，对方正值开业之际，本来兴致很高，听得也情绪低落起来，最后索性答应马上结账。

周凯借公司的压力，资金周转有困难，尽可能地说明自己当前的处境，引起了客户的同情心。其实意在表明，这些压力正是由于应收账款不能及时回收造成的，巧妙地向客户传达一个信息：如果不尽快结账款，帮助我们消除这些压力，我们公司将会陷入更大的困境。

借助公司压力向客户催收账款这种方法，实际上体现的正是适度示弱的技巧。比如，多说“我们企业很困难，请您支持”、“我们面临停产的可能，拖欠货款的时间太长了，请您考虑解决”、“能不能照顾我们厂一些”等。

通过公司向客户施加压力催收账款，一方面可向欠款客户充分展示自己对收回账款的坚定决心，另一方面，可使欠款客户从内心深处感受收款企业所面临的压力。从而有效触动客户，激发客户的同情心，获得理解与认同。

在运用这一方法时，销售人员同样需要注意一些事项：

①确认对方是一个性情中人，因为只有具有同情心的人才可能对你的遭遇、困境表达同情之心。

②根据客观情况把握时机。示弱需要把握时机，时机不对，对方不可能产生同情心。比如，上述实例中周凯就做得非常好，很好地把握住了对方处于开业之际。因此，在谈话时要根据客户提出的话题引出自己面临的困难和压力。

③销售人员在向欠款客户示弱时需要掌握火候，既要引起客户的足够同情又不可以表现得一副摇尾乞怜的形象。否则客户的同情态度可能就会转变为轻视，这将有损销售人员个人及企业的尊严和形象。

④销售人员要注意自身神情、态度以及各种身体语言与所表达的言辞的一致性，要让欠款客户感觉到你真的面临十分艰难的处境，而不要使欠款客户感觉到你只是在装腔作势。

⑤要尽可能地将还款对于自己的重要程度充分体现出来，让客户意识到他们拖欠货款的严重性，促使其下支付账款的决心。

小贴士

催账是最终目标，为了实现这个目标可以运用各种技巧。诸多催款专家的经验表明，很多时候，采取居高临下的收款姿态效果并不见得好。适度示弱的低姿态反而更容易得到客户的理解，获得客户的同情。

群起而攻之，关键时刻采取“攻势”

将欠债人堵在“办公室”虽然是一个非常好的催款方式，但很多时候对方不会静候你的光临。尤其是那些一心想赖账的客户势必会想尽一切办法在你到来之前逃离办公室。因此销售人员要多开辟“战场”，多路出击追讨欠款。既可以走出去登门催款，也可以请进来有礼有节地催债。

杨子陵是某饰品批发公司的推销员，与某商贸公司有短暂的业务关系，但这次短短的合作对方就赖账2.5万元。子陵多次上门索要，该公司的老板邱先生看她是一个没背景、没实力的姑娘，就故意刁难拒不还款，最后再去的时候干脆“走”为上策，故意躲避。

几次索要无果后，子陵就多了一个心眼，暗中跟踪这位客户，终于掌握了对方的行踪。原来，他一听说子陵前来要款就去隔壁王老板的店里躲一阵，等子陵走后再重新回来。

对此，子陵采取了集众讨债的方法：一天上午，王老板的店前突然多了七八个人，闹闹哄哄的，议论纷纷，说是要“评理”，要讨债。王老板见势不妙，赶紧劝邱先生出去应付应付，否则会影响到自家的生意。

邱先生正在犹豫之间，人渐渐地多起来，有搀扶着老人的、有抱着婴儿的……行人纷纷停下来看热闹。邱先生刚一出来就被子陵挡了回去：“今天拿不到钱，我就不走了。”想躲躲不了，想说又喊破了喉咙也没人听他的，就这样双方僵持了1个多小时，经理实在没辙了，只好同意立即偿还债务。

杨子陵纠集同事好友一起前来讨债终于有了效果，不动怒，不厌烦，不达目的不罢休。这很有点像甘地的“非暴力不合作”的态势。用这种方法追债实际上就是利用“人多势众”的优势，强迫对方偿还债款。讨债人不是三两个上门，而是一来就是一大群，抓住了欠债人害怕造成不良影响而不得不还债的心理。从上例看，债务方邱先生之所以最终做出妥协，是因为众人的来到无异于给公司打了一个“消极”广告，严重损害了公司的名誉，影响公司的公众形象。

对付老赖除了用“群起而攻之”之法外，还有很多类似的做法，都是我们和平抵抗的最好方式。接下来我们就来详细介绍一下：

1. 打小报告

向欠债人的上司或对其有决定性影响的领导打“小报告”，告知欠债不还的事实。借助上司的权威施加影响，给予压力，动摇欠债人的意志；或促使领导从中斡旋，缓解双方的矛盾。

值得注意的是，在运用这种方法时言语上要谨慎得体，以事实相告，不可夸大其词或诬陷、攻击对方。这是大部分销售人员常犯的错误，我们这里的打小报告是贬词褒用，不能错误地理解为常规以上的恶意攻击、无故诋毁，这样很容易让对方的上司感到你是在干涉内政，破坏团结。

2. 激将法

“激将法”是指以犀利、富有挑衅的语言刺激欠债人，使其在坚持自己的观点和立场时有所反省，从而动摇或改变其所持态度。比如说：“你不还钱是不是根本就拿不出这笔钱。”这是一种最具有挑衅意味的“激将”式语言，谁也不想让别人说自己没钱，没有能力还债。

激将法可分为直接刺激或间接刺激两种，直接刺激即直接刺激欠债人；而间接刺激则是通过刺激与对方相关的人，以达到借用他人的力量而影响欠债人自身。

当然，激将要根据具体情况灵活运用，语言切合对方的特点，切合所追求的目标，态度和气、友善。不能以损害对方的形象、自尊心为目的，恶狠的态度非但不能达到激将的目的，反而会激怒对方，使讨债失败。

3. 中断合作

中断合作是销售人员惯用的一种方式，也是杀伤力最大的一种，尤其是对于那些有着长期合作的大客户更为适用。因为任何企业都不可能单独存在，它必须与上下游相关企业建立合作关系。无论是生产、供应、运输，还是终端销售等，都是相互依存、缺一不可的，各个环节之间互相依赖，互相协作，哪个环节出现重大失误都会影响到整体。

认识到这一实质性问题，销售人员就可以在讨债时利用中断协作关系，迫使违约客户尽早清偿债务。不过，这种讨债方式类似于自杀，往往意味着双方关系的破裂，在运用时也应该充分考虑到或者兼顾它的后果。

4. 最后通牒

一般而言这种讨债法出现在比较正规的场合，比如，双方谈判失败，最后通牒接下来往往就是诉诸法律，以法律手段公平解决。在诉诸法律之前，你可以以债权人的身份，限期逼迫对方还款。这是最常见的“最后通牒”的形式。

事实上，在各种债权债务关系中，双方的谈判几乎没有一帆风顺的，更多的时候是双方的僵持，各执一词，毫不妥协。这时你作为债权人可提出自己的某个条件或某个期限作为最后的底线，逼对方作出答复。在此提法无效的情况下，才告诉对方法庭相见。这种情况下有些人往往慑于法律的威严而不得不加以考虑。

小贴士

世上没有比让人掏钱更难的事，无论用什么方法讨债，与欠债客户打交道都不是一件轻松的事情。销售人员作为债权人需要做的是，借助手中的权利维护自身的利益，千万不要被愤怒冲昏头脑，越过法律的界限，给对方造成伤害。

发送催款通知书，下最后通牒

发送“催款通知书”是催款工作中重要的一步，以书面文件的形式，来促使客户尽快还款。这已经成为广大销售人员催讨债务的一种最常见、最有效的方式。催款通知书最大的优势在于，在向客户传递履行合同条款信息的同时，还是一份具有法律意义的文件。在双方友好合作时是一份提示书，一旦产生纠纷又是重要的法律依据。

赵兵是某沙发厂的推销员，有很多客户赖账不还，最难对付的就是白某。每次都变着法拖欠货款，赵兵多次催要，白某能躲就躲，想方设法不见面。

看着手中的欠条时间越来越长，赵兵担心要不回来。于是他就给白某发了一封催款通知书，并把函件存根、邮局的收据特意做了保留。

几天后，白某仍没回应，打电话询问，对方却告诉他没有收到过什么催款通知书。事已至此，对方仍以没有收到为由拒绝还款，并且扬言已经失去了诉讼时效，即使上法庭也很难获得法院的支持。

很明显白某是在耍赖，不得已赵兵将其告上了法庭，最后法院作出判决：白某如数归还赵兵货款，并承担期间所有损失和费用。

在这场纠纷中，赵兵发的催款通知书就成为法庭采取的证据之一。至于白某提出没有收到完全不符合法律要求，从法律相关规定来看法院只看证据，即以债权人寄出催款函件为准。自赵兵在规定的期限发出了催款通知书起就已经产生了法律效应。

至于白某提出的“失去诉讼时效”也是不受法律支持的。法律规定追讨欠款的诉讼时效为 2 年，赵某与白某约定在 2012 年 12 月 31 日清偿债务，但白某没有履行协议。那么赵兵只要 2014 年 12 月 31 日之前提起诉讼就有效，而且诉讼期会在赵兵发送催款通知书之日起自动重新计算。比如，赵兵是在 2013 年 3 月 15 日发送的催款通知书，那么诉讼时效自然会从 3 月 16 日起重新计算。

可见，“催款通知书”是具有一定的法律效应的，一般适用于客户没有依照合同期限按时支付货款，或没有对我方寄送的对账单给予明确答复。

因此，在使用时要注意通知书的书写，包括格式、内容、发送程序等都要严格按照相关规定。接下来就了解一下，如何正确书写催款通知书。

1. 催款通知书的一般格式

“催款通知书”可以直接填写固定的表格，也可以便函形式自己书写，不论采取哪种形式，都必须包括以下四个部分：

（1）标题

标题要简明，一般写作“催款通知单”、“催收、清理联系单”等字样。如果催收的是紧急款项，可在标题前加上“紧急”二字。标题下要注明编号，以便于查询和联系。

（2）正文

催款通知书正文内容要清楚、具体，需填写双方单位的名称和账号，必要时还应该写上催款单位的地址、电话以及经办人的姓名。

处理意见既要有明确的催促要求，又要符合相关政策、法律法规。所写的日期、金额、账号数字要准确无误。

如果是银行代为催款的，还必须写明双方开户银行的全称和账号。

另外，还需写明双方发生往来原因、日期、发票号码、欠款的金额或货物的数量、金额，款、货拖欠的情况以及处理意见。需要注意的是，对于逾期不还要采取的措施一定要写清楚。

（3）落款

写明欠款公司名称、日期，并加盖公司公章，值得注意的是公司名字写全称，日期为当天的日期。

（4）附文

附文是不可或缺的内容，包括收款银行资料、收款明细等，如果有需要回执也务必署名。

催款通知单

编号：××××

欠款公司名称：

至××××年××月××日贵公司已累计欠我公司货款计人民币××××元，已超过了双方约定之付款期限。现我公司郑重请求贵公司于××××年××月××日之前，将上述逾期未付货款汇入我公司如下账号（ ），否则我公司将采取停止发货、付诸法律等其他必要之措施。为了我们的长期合作，避免造成一些不必要的影响，请慎重考虑，谢谢！

望与我厂联系，地址：×××，电话：×××。

特此函告！

××公司

年 月 日

附件一：

附件二：

回执（请务必回传此单）

2. 严格按照法定程序发送

为了最大限度地保护自己的利益，销售人员在给客户发送催款通知书时必须符合法律程序。一般来讲，需要注意的有两点，第一，寄发催款通知书最好由律师或者请公证机关公证。第二，要保留发送催款通知书的相关发送证据，比如，邮寄收据、签字等，以防对方抵赖。

小贴士

对即将超过货款日期的客户可用催款通知书进行督促。期间，销售人员要勤对账，也就是对应收账款、已收账款、余款进行核对，形成书面材料并由对方财务盖章，从而进一步明确债权，以防错过诉讼时效。

利用法律，维护自身合法权益

销售人员做催款工作应该最大限度地本着“以和为贵”的原则，保持足够的耐心，与客户积极沟通。但如果发现对方有故意赖账不还的迹象，就必须主动“进攻”，拿起法律武器，维护自身的合法权益。

销售人员赵茜分别于2012年3月、5月与某文化公司签订了两份供货约稿合同，赵茜为承揽方，文化公司为定作方。赵茜按照合同约定全部交付定作物，文化公司支付一部分货款6万元，对于欠款4万元她多次催要均无果，几天前，又去催款，对方公司老总态度强横，言语粗鲁，赵茜据理力争，该老总恼羞成怒，叫她“滚出去”，甚至动手推搡了几下。

事后，赵茜觉得身心受辱，故决定通过法律途径解决，第二天她就去律师事务所找到了委托律师。律师在了解了基本情况之后，建议赵茜先进行调解，这种方法行不通的话再走上诉的程序。

随后，赵茜委托该事务所律师，向该文化公司发了一份催款函。函发过后，对方的态度明显有了改变，积极地与该律师联系，并主动向合作方道了歉，同时也向当事人赵茜道歉。最后双方达成了一个还款计划，约定自该计划签订之日分两次还清所有的货款，先还款2万元，3个月后归还另外2万元以及逾期付款的违约金。

赵茜在多次催款未果，自身利益遭到侵害时，勇敢地拿起了法律武器，通过委托律师与欠款方达成了协议。可见，通过法律来解决债务纠纷是非常有效的途径。选择一家诚实、可靠的律师事务所，选择有经验的律师会增加胜诉率，必要时还可申请法院进行强制执行。

一般来讲，常见的法律手段有三种：

1. 委托专业机构

委托专业机构，是指将账款追收权利交给社会上的专业收账机构，由其代理完成向债务人的追收。目前，企业间大额的欠款追收大多是依靠各级收账机构代理，其比例占到总收款率的60%以上。委托专业机构追账优势在于：

（1）专业化强

专业机构在处理债务问题方面具有相当丰富的经验、知识，对于每一个拖欠案件都会制定一套科学有效的追讨措施，包括对案件的分析评估，与债务人的直接接触、协商，通过多种途径施加各种压力，律师协助追讨，代理诉讼，申请执行仲裁裁决。

（2）成本较低

直接诉诸法院，一般费用较高，程序复杂、时间漫长，因此大多数人不会采用。而委托专业的追账机构只需要支付佣金，最大限度地降低了追账风险和成本。

（3）收账力度大

专业机构大多有专业追账人员或团体，无论是在追收形式、效果上，还是在对债务人的心理压力上，都远远大于个人追讨的力度。

2. 仲裁

债权债务双方根据债务纠纷发生前后所达成的书面协议，自愿将争议交给仲裁机构全权处理。由仲裁机构根据双方协议的授权审理争议，并做出对双方均有约束力的裁决。仲裁不具有诉讼属性，但是它也是解决经济纠纷的重要手段。

①仲裁是以双方当事人的自愿约定为基础的，如果债权债务双方没有仲裁协议，仲裁程序不可能发生。

②仲裁机构是民间组织，不是国家的行政机关或司法机关，它对商务纠纷案件没有强制管辖权。

③仲裁裁决具有终局性，对双方当事人都有约束力，任何一方不得就同一标的人或事再向法院起诉或者向仲裁机构再申请仲裁。

3. 诉讼

债务纠纷发生后，销售人员作为债权人首先向法院提出诉讼请求，由法院根据诉讼程序、有关法律规定审理案件，并做出对双方具有法律强制执行力的判决。

①必须有自身的权利受到侵犯或与对方有争议的事实。

②有明确的被告方。

③在法院受理和管辖的范围之内。

小贴士

收款一定不要拖得太久，必要时把握诉讼时机坚决诉诸法律程序，这是解决问题最有效的方法。借用法律手段提请仲裁或诉讼，是解决应收款争端的最后补救措施。较之于其他收账手段，仲裁和诉讼具有最强的刚性。

保留证据，对簿公堂

生意场上有一句老话：“承诺并不代表付款。”所以，无论对方做出什么承诺都不能轻易相信。立字为据，所有的一切最好都落实在书面上，为以后发生不必要的纠纷保留证据，继续追踪，直到对方清账为止。

在当今社会诚信度普遍不高的情况下，销售人员还是要掌握一点防范风险的技巧，否则在以后的催款工作中势必会陷入被动。

小韩是搞粮油推销的，他给某厂的食堂送货，结束时货单由食堂工作人员签字，凭此单据就可以到财务结款。有一次，他不慎将收货单（仅有的收货证明）弄丢了，对方的财务人员拒绝支付货款，再去找当时食堂签字的工作人员时，对方已经离开。找不到当时经手的相关人员，多次讨要没有结果。

后来，他去咨询律师，能否通过法律途径解决，律师问："你还有没有其他证据证明你给对方送过货？"小韩回答说："只有我们这里送货的员工知道。"

对方如实地告诉他：这个货款很难要到，状告对方最重要的是要寻找证人作证。而当前面临的问题是没有确切的证据，当时现场都是对方公司的人，因牵涉利害关系他们很难为你作证，另外当时也没有报警，没有书面记录。

像这种情况，上诉法院对小韩肯定是不利的，货是送了，但对方拒不承认，自己也没有相关证据。如果小韩当初保留了相关证据的话就不会如此被动了。我国相关法律规定，上诉必须有相关证据证明违规违法事实的存在，否则，起诉到法院也会败诉的。

很多交易都是交货在前，收款在后，为了避免货款不必要的流失。一定要设法保留足够的交易证据。比如，签订购销合同、签名或签章采购单、送（收）货单、经手人的授权文书等。这些文字材料都是足以起到相应的督促、警示作用的证据，对买主有较大的震慑作用，使其不敢轻易赖账，必要时还可以作为法庭上的依据。

那么，销售人员在与客户交易时，如何最大限度地保证证据的有效性呢？

1. 明确债权债务关系

按照法律规定，当你以债权人的身份提起上诉时必须有明确的债务人，也就是说，要有明确的被告，否则，你的上诉无法得到法院的支持。就像例子中这种情况，小韩的要求为什么得不到法律的支持，最重要的一个原因就是债务人不明，在货单上签字的是食堂工作人员，而食堂工作人员又没有支付货款的权力，财会人员虽然有支付权力但没有相关的凭证。所以，即使有欠债的事实也很难获得理赔。

我们可以设想一下，如果事先小韩把支付货款的责任人确定了，对法就无法推脱责任；推脱责任就是违反规定，要负法律责任。因此，这个环节是一个需要注意的问题：欠条下方的欠款人应是能给你付款的人或单位，而且要他本人或授权的人亲笔签名或盖上公司（企业）的公章。

2. 收款证据要有效

证据是打赢官司最重要的影响因素，你向法庭所提出的任何要求必须有充足的证据来支持，没有证据一切都是空谈。有些销售人员在与客户交易时，由于各种原因不能取得相关证据，或者证据无效。比如，虽然签订了合同，但很多条款不合法，客户在签字确认上偷奸耍滑，等等，这些都是容易忽视的。

一般来讲，合法有效的证据需要符合以下五个条件：

①弄清楚收货人或经手人身份再交易；身份不明或未经单位明示授权的人签字一概无效；如果对方是公司，合同上一定要有公章，法定代表人签字，两者缺一不可。

②收货时，收货人必须在采购单上签名，无论对方是否为法定代表人，然后在此基础上需要法定代表人签字。

③有多页送（收）货单，一定要在最后一页上签名。

④货款欠条必须由买方本人（或授权人）出具或书写，否则最好不交易。

⑤货款欠条上注明欠款金额、偿还时间以及违约责任等，否则日后产生纠纷必然会更加麻烦。

3. 关注债务人，缩短收款周期

即使手握欠条，也不能保证货款安全收回，还要防止对方破产或通过转移财产来逃避债务。最好的办法就是尽量缩短收款周期，密切关注债务人动向，有什么风吹草动或到了付款期而对方没有付款的话，要立即警觉起来，努力搞清楚究竟是什么原因拖欠，是不想付款还是确属暂时性资金周转困难，如果是前者，就要果断停止供货，避免扩大损失。总之要对对方保持密切关注。

小贴士

收回货款不是交易后的事，是在交易之初就开始了，销售人员只有严格按业务程序，保留证据，同时关注债务人，才能立于不败之地。

售后服务，回访语带着关心说

销售人员在将产品卖出去之后往往需要对客户进行回访，这是销售活动最后一个环节，也是最容易忽略的一个环节。它在很大程度上决定了客户对产品、对公司的满意度、忠诚度。

定期回访，优化服务，树立形象

对客户进行回访，是客户服务工作中的一项重要内容，是提高客户满意度、忠诚度的关键环节。很多企业明文规定销售人员或公司客服人员，有向潜在客户、目标客户进行回访的义务，从而提高服务质量，及时发现问题，提升公司形象。

同时，这些措施也是对产品进行二次销售的一个良机，因此，在客户购买产品之后，销售人员一定要定期回访。

关于跟踪回访，我本人有非常深刻的印象，在刚做销售时曾做过一段时间的汽车贷款业务。公司要求定期对客户进行电话回访，我在这方面做得非常不好，很多时候拿起电话不知道该与客户谈什么。那段时期，电话对我来说成了很大的心理负担，内心的胆怯笼罩了我很久。

但是，我从未放弃，因为越不敢回访就会越差，形成恶性循环。我本来起点就很低，所以必须比别人更努力。我开始向有经验的人请教，偷听他们如何打电话，听别人是怎么说的，怎么与客户沟通的。

几次之后，我也掌握了些技巧，最大的技巧就是心态上的调整。比如，要乐观、自信，面带微笑，让客户在电话的那边也能感受到你的微笑和善意等。我仿佛在迷茫中看到了一扇门。从此之后，我严格要求自己，对每个客户进行定期回访。

在整个团队中，我的回访工作做得最好，根据实践，自己也总结出了一些经验，即给客户打电话不要老推销产品，重在解决问题，解决客户遇到的困难。

我相信很多销售人员都有过与我一样的经历。为什么要定期回访客户？搞业务的朋友应该都很清楚，这是销售人员对产品或服务进行满意度调查、客户消费行为调查、有效维护客户关系的一种方法。

但具体怎么做比较好，很多销售人员都表示很伤脑筋，他们或是害怕与陌生客户沟通，或是打电话容易紧张，总之这是很多人面临的一个难题。那么，怎么回访客户呢？这其中有哪些讲究和注意事项？

通常来讲，在整个销售流程中需要多次回访，不同的阶段需要不同的回访。而且每次回访的内容、目的都会有所差别，比如：新契约回访、失效保单回访、给付业务回访，等等。正因为此，在不同的回访阶段，话术也存在着差别。

销售人员在回访前需要根据具体的回访阶段，专门拟定出一套有规范性、针对性的话术。

1. 新契约回访

新契约回访是指，在谈判取得初步胜利之后，促使对方签订正式合同的一种回访制度，主要是针对合同签订展开的：

针对新客户的新契约回访（通常为电话回访），可以这样说：

“詹先生，确定一下您已经收到订货合同了吗?”

“刘小姐，麻烦您在保单回执上签一下字。”

“请问您是否已经仔细阅读了合同内容？如果没异议的话就可以签字了。”

2. 售后回访

售后回访是指，在售后的一定期限内（三个月、半年，一年），对处于更换、维修期间的客户进行回访，以了解对方的使用情况、使用需求以及维护事项。这也是回访业务中最主要的部分，是整个回访业务中的主体部分。

这一阶段可以这样说：

“货物已经发出，按照要求8日应安全抵达。”

“您好，我是××，打扰您了，我们需要针对您在×月×日在公司购买的设备使用情况进行回访，希望您能配合。”

“您认为我们的产品还有什么地方需要提高的吗?”

3. 给付业务回访

对于未付款或者未付全额款的客户进行回访，以及时收回欠款，维护客户利益的一种制度。这与上一章提到的催收账款有异曲同工之处，在这里就不一一赘述。

4. 特定的回访

除了几个主要阶段的回访业务之外，很多公司根据自身的实际情况，还制定出了很多针对性较强的回访业务。比如，保险业常常有失效保单回访，对已失效的、已过期的保单客户进行回访，以了解客户的新需求、续期服务品质及客户保单失效原因。

搞批发的公司有团购回访业务，是专门针对团购客户进行回访的一种制度。也就是说，回访制度既有其原则性，又不失其灵活性，销售人员在具体的实践过程中，在遵守原则的基础上可以灵活安排话术。

小贴士

欲使每位客户满意就要消除他们的后顾之忧，而消除后顾之忧最有效的办法就是做好回访工作。不断学习，完善自己，成倍地付出努力去满足客户的需求，只有这样才能互通有无，得到更多的信息。

有效回访，解决客户的后顾之忧

售后回访，主要是为了更好地了解客户购买后的状态，包括遇到的问题、对产品的意见，等等。所以在与客户的售后服务沟通中，要以客户的诉说为主，自己倾听为主。有的销售人员反客为主，像上门推销似的，给客户介绍新产品，强迫买卖，这样就违背了回访的宗旨。

认真听取客户的意见与建议，让他们将内心想法充分表达出来。

小福是某大型零售企业的渠道拓展员，负责推广公司的高档产品工作。他有一个好习惯，即每次把货物交给代理商之后，都要定期去一一回访，了解每家代理商的运营情况。在回访中，他了解到其中一个小代理商出现了滞销。

这家店铺规模不大，店主是一对中年夫妻，夫妇俩见到小福就开始抱怨：我们这小店资金薄弱，销售能力十分有限，代理这种高档产品不赚钱，等等。小福最后听明白了，意思就是不打算再从自己这里进货了。

谈话间，小福发现这家店内的所有货物杂乱无章地堆在一起，显然没有定期整理、分类。他忽然意识到，这家店效益不好的根本原因不是产品问题，更多的是他们的经营出现了问题，货物乱放只是表面问题，但能从中看出店主不懂经营之道。再加上对烟草公司的政策缺乏理解，势必影响客源的稳定性。

在给客户分析经营状况不佳的原因后，小福与他们聊了起来，从小店位置优势及日常的客流量分析了继续合作的可行性，并增加了几个适销对路的品种，帮他们合理规划库存量，加快了资金周转速度。同时，大力宣传了公司的各项优惠政策，帮助夫妇俩转变经营观念。

在小福的帮助下，小店制定了新的营销策略，生意也变得红火起来，夫妇俩满心欢喜，逢人就夸“××公司真好”。

例子中的小福通过“回访”了解到客户存在的问题，并及时提出了解决办法，从而重新获得客户的合作。可见，“回访”是销售的重要内容，对于销售人员来讲是增加利润的最好方法。

做好售后服务的原则是，要让客户感到你是来解决问题，而不是来再次推销的。这就要求销售人员需要了解售后服务的常规内容，售后服务的内容一般来讲包括六大块，分别为：

1. 核查、反馈客户购买信息

掌握客户信息是做好销售工作重要因素之一，有了信息的反馈，才能更好地了解当前的市场变化和客户需求，从而更有针对性地做好下一步的工作。而做好信息反馈工作最主要的途径是对客户进行回访。

通过对客户的回访，能从中了解客户对产品的使用情况，了解到产品的不足，得到客户不同的意见和建议；又可以减少客户投诉，增进与客户的感情，提升客户的满意度；同时还与客户进行较多的互动和沟通，完善客户数据库，促进销售工作的开展。

2. 应客户要求进行相关指导

售后回访的主要内容之一是在产品的使用上对客户进行相关的指导。因为，对于客户来讲，在使用产品的过程中总会或多或少地遇到问题。比如，不熟悉产品的正确使用方法，对方要求修缮、更换产品，等等，针对这些问题，销售人员必须耐心地向客户介绍产品的使用办法和注意事项。

当然，每个人都不希望出现退货、换货的情况，但倘若因某些意外原因造成客户无法继续使用时就应当按照程序走。比如，客户购买了某种化妆品，使用之后发现皮肤过敏的情况，此时就必须给予退货或者换货。因此，销售人员应当对此类情况加以考虑，在对客户进行推销的时候，也要把退换货的注意事项解释清楚，让他们感觉你的服务是非常专业的。

3. 向客户介绍产品的效果

销售人员在向客户介绍产品的时候，通常都会介绍该产品的使用效果。但是，这远远不够，很多时候需要在具体实践过程中再次进行介绍。当然，销售人员在向客户介绍产品效果的时候不能仅仅为了销售产品而夸大其使用效果。比如，某护肤产品明明只有保湿的效果而无美白的效果，销售人员如果非要说该产品有美白效果，那就有欺诈客户的嫌疑。

4. 为客户提供三包服务

“三包”服务是指对售出的商品提供包修、包换、包退的服务。销售人员在销售产品的过程中，既要对企业负责，也要对广大消费者负责，保证商品的使用价值得以实现。因此，销售人员应根据不同产品的特点，与企业多进行沟通与联系，真正为客户提供方便。

(1) 包修

包修，是指对客户购买的商品，在保修期内实行免费维修；对超过保修期限的，则收取一定的维修费用，以及零配件的成本费。包修是售后服务的重要内容之一。

(2) 包换

包换，是指客户购买了不合格的产品后，在国家法规和公司规定的时间范围内可以进行调换。

(3) 包退

包退，是指客户对购买的产品感到不满意时，或是在产品质量出现问题时，可由销售人员及其所代表的公司为客户提供退货服务。良好而规范的包退服务不仅不会影响销售人员及其公司的销售额，相反还会赢得守信的美誉，给公司带来更多的回头客。

5. 为客户提供其他服务

（1）为顾客提供安装服务

有些产品，比如空调、组合家具、仪器仪表等，需要在客户指定的使用地点安装好后，方可正常使用。在此情况下，销售人员及其公司就应主动派专门的技术人员上门为客户安装，并免费调试。安装服务是售后服务中一项非常重要的内容。

（2）为顾客提供包装服务

在某些情况下，销售人员还要为购买产品的客户提供包装服务。比如客户购买了化妆品或礼品时，销售人员应当将这些商品整理好，装入指定的购物袋或包装袋内，仔细包装好再交给客户。

小贴士

随着客户消费观念的变化、维权意识的提高，在选购产品时不仅注重产品本身，更加重视产品的售后服务。因此，对于销售人员，在为客户提供价廉物美的产品同时，提供完善的售后服务已成为超越竞争对手的新焦点。

服务原则：售后服务应遵循的原则

衡量一位销售人员是否合格的重要标准之一，就是看他在促成交易之后如何为客户提供优质的售后服务。要想做好售后服务就需要多关心客户，多鼓励客户，努力去解决客户提出的问题。

王总是某理财培训中心的老会员，近期却意外退出了，张强作为企业代表回访这位老客户，以了解更多具体情况。

张强："王总您好，我是××公司的张强，关于您退出会员一事，我想与您谈谈。"

王总："是××公司啊，我记起来了，我曾经接受过你们的培训，一点效果也没有。”

张强：“什么时候的事情啊？哪位培训师呢？”

王总：“大概 1 年前的事情，具体已记不清楚。”

张强：“这样呀！最近我们公司引进一批非常优秀的老师，这些老师非常优秀……”

接下来，便滔滔不绝地讲起了各位讲师的背景、影响力等。客户听得有些不耐烦了：“你们每次都是吹得天花乱坠，真实情况并不像你说的那么好。”

张强：“这样吧，你先来试听两天，感觉不好的话不收一分钱。”

王总：“算了，我还有事，以后有时间再说吧。”

客户这样说无疑是在拒绝。

回访作为售后服务一个重要的组成部分，重在为客户解决悬而未决的事情，而张强硬是搞成了一番推销。一上来讲就开始推销各项新的服务，企图通过吹嘘当前的服务来掩盖过去的不足。这对问题的解决完全没有意义，反而会激起更大的反感。

正确的对策是，当客户提出“没什么效果”时，应该及时询问事情的真正原因。比如，可以这样问：“王总，我相信您说的话，能告诉我您对哪方面不满意吗？”这样的话很容易引导客户说出真正的原因。

在搞清楚客户不满的原因之后再做进一步判断：如果是自己的错，要及时道歉；如果是客户误解，要善于引导，纠正这些错误的认识。

服务至上，利益第二，对客户进行回访，必须时刻围绕着客户。那么，回访工作应该遵守哪些原则呢？

1. 对客户提出的问题有求必应、有问必答

有些客户在购买产品之后会萌生“产品是否真有用”、“是否物有所值”的怀疑，或者在使用过程中会遇到这样或那样的问题。

当客户带着这些疑问与你谈话时，他们最大的希望是听到你积极的回应、明确的答复。这时，销售人员一定要做到有求必应。切记，唯有从根本上消除客户的疑虑，才能够使对方心甘情愿地认可你的产品。

当然，这里所说的有求必应、有问必答，并不是答应所有的要求，无条件地满足对方。

2. 对客户心理上的疑惑要多引导、多称赞

有些客户对产品有意见是因为受周围人的影响。比如，张三曾经对某产品印象不好，就对李四说这个产品如何如何不好，这对李四是非常大的负面引导。所以，在遇到这类客户时，销售人员必须多关心、多鼓励，多和他们联系，做足心理上的慰藉工作，潜移默化地影响他们。

3. 对未来生活理念和优良品质的引导

销售人员不只是卖产品，更是消费理念的传播者。客户的消费理念一般来自于自己的消费习惯，而一些新的消费理念则靠销售人员来塑造。

销售人员有义务、有责任去引导和培养客户正确消费理念，帮助客户提高生活品质，新的消费理念一旦确立起来，客户自然会对产品产生兴趣，甚至会“把这种好东西与朋友分享”。这样一来，该客户不仅成为你的一位稳定消费者，更会成为一位帮你推销产品的好帮手。

小贴士

售后服务作为销售活动中一项非常重要的活动，并不是随随便便完成的，它具有自身的工作原则。销售人员在向客户提供售后服务时必须按照原则来行事，以最大限度地满足客户的需求。

信守承诺，践行对客户的诺言

“诚信”历来是道德中重要的组成部分，倡导做人要诚实，做事要讲信用。在当今这个利益至上的商业社会，同样需要讲诚信，遵守诺言，它对我们的推销工作有着非常重要的影响。

美国纽约销售联谊协会调查显示：70% 的客户之所以决定购买你的产品，是因为他们喜欢你、信任你、尊敬你。向客户推销产品就是推销诚信，说话做事一定要讲诚信，尤其是曾承诺必须兑现。

我在商场买了一台空调，对方承诺免费运送和安装，服务人员康京随我前往家中。到家之后天色已晚，康京马上开始工作，就在即将完工时一个螺丝钉出现了松动。眼看天色渐渐暗下来，站在一旁的我有些焦急，并开始埋怨："你们的产品质量不咋地啊，怎么会出现这种情况。"

康京解释道："先生别急，这可能是螺丝钉受到挤压或撞击之后有些变形，绝对不会影响空调的质量。"

"那该怎么办呢？"

"我马上送几个过来。"

"这样也可以吗？一个萝卜一个坑，这都是配套的。"

"您放心，都是一个型号的，每个产品都有备用的零件。"

我同意后，康京马上向公司服务部打电话，因为早已经过了下班时间，响过几声后没有人接。

"先生，我去公司拿，半小时后回来，一定保证你在晚上使用。"他对我说，说完走出门外。

没想到，仅仅 20 来分钟康京就回来了，气喘吁吁的，当时已是晚饭时间。八点多了，没有来得及歇会儿就全部安装妥当。

看着康京如此负责任、讲信用，我的埋怨也烟消云散，而且还有些许感动。从此，我对这个商城另眼相看，几次推荐亲朋好友去购买，点名要康京的服务。

在当今竞争日趋激烈的市场条件下，信用已成为制胜法宝，唯有守信才能赢得信誉。只要兑现对客户的承诺，哪怕是很小的一个承诺，也会获得客户的信赖。就像例子中这位服务人员，"承诺半个小时取回螺丝钉，20 分钟就兑现了"，试想一下，如果对方一去不返，或者第二天再安装，那就是另一番情景了。虽然对我来说，不差一天半天，但给我的心理感受则完全相反。

销售人员要讲诚信，就要善于从一些微不足道的小事做起。我也是做销售出身，很多事情感同身受，在如何信守承诺上有着更深的理解，那么，如何来最大限度地实现对客户的承诺呢？把握好两点即可：

1. 作了承诺，再难也要去兑现

向客户做承诺之前，一定要考虑清楚自己是否有能力做到。有的销售人员为了达成交易而肆意夸大事实，编造谎言，欺骗客户。而大部分客户会盲目地相信这些承诺，以至于对未来的服务产生过高的期望值。

如果哪一天你的诺言无法实现，那么对方期望越高，对对方造成的伤害越大。失信于客户，就等于永远失去了客户。因此，当你向客户做承诺时要量力而行，根据现有的条件和资源做出最切合实际的承诺，低一点没关系，最关键的是要去兑现。

2. 没把握，就不要轻易许诺

不随便许诺，也是维护“诚信”的重要方式。有很多销售人员随时随地，不看情况对客户乱承诺，事后连自己也记不清曾经许下过什么诺言，应在什么时间履行。

由于缺乏一定的目的性、针对性，时间一久都有可能忘记，承诺的持久性也大打折扣，从而为履行埋下隐患。

小贴士

销售人员一旦对客户作出承诺，就要积极地采取措施加以兑现，即使由于某些客观条件无法完全实施，也要尽一切可能尽力而为，让客户感到满意。只有信守承诺，及时地为客户提供承诺的服务，才能取信于客户。

客户投诉，务必积极解决

很多销售人员拍着胸部向客户保证：“只要你成了我的客户，我会帮助你做这件事情……”话虽这么说，可做得远远不够。当客户真正需要帮助时就会非常消极，能推脱则推脱，能逃避则逃避，以各种理由来拖延，或仅仅给出一些无关痛痒的建议，敷衍了事。

关注产品在使用过程中可能出现的问题，并全力去解决，是销售人员回访工作中的一个重点，销售人员应该积极回应，务必解决，否则，在客户心目中树立起来的良好形象将会大打折扣。

我曾经有过这样两位员工，他们同为刚走出大学校园的毕业生，毕业后就来公司上班，从最基层的推销员做起。

2008年、2009年那两年，由于股市低迷，很多股民对理财产品热情大减，同时客户的投诉也与日俱增。在平时看来根本不是问题的问题也多起来，显然，客户是把在股市上的消极情绪映射到产品上。

两位推销员在对待客户的投诉上，态度截然相反。推销员甲因为怕麻烦，怕承担责任，一接到客户的投诉电话就随便找个理由推脱，有时直接挂掉。而另外一位推销员乙，不但热情招待客户，还主动帮助客户解决问题。小问题在他的耐心解释下当场就可解决，比较大的问题则立即上门解决。

一段时间后，推销员乙人气大涨，很多客户都愿意找他解决问题，公司在了解到这种情况后提升他为客服部主管。而甲呢？业绩大幅下降，逐渐被客户遗忘，后来直接辞职走人。

两位推销员仅仅因为对待客户投诉问题的态度不同，命运就出现了巨大的差异；一个得到了提升，另一个被淘汰。其实，在对待客户的投诉上能够体现出一个人的责任心，做销售必须时刻对客户负责，只要对客户尽到了自己应尽的责任，自然会受到客户的拥戴。

那么，在接到客户的投诉时，如何才能很好地去解决呢？

1. 进行情绪安抚

当客户前来投诉时，销售人员表现出来的态度非常重要。比如，耐心倾听客人的投诉，记录客人提出的问题，根据客人的问题，力所能及地去办好，等等。这些积极的回应对客户的急躁情绪是最好的安抚。

2. 初步了解问题

对客户提出的异议进行初步的了解，尤其要对他们不满意的地方重点作出解释。这样有利于尽快解决难题。例如，你可以这样问："您最不满意的地方在哪里?"通过提出激发需求的问题，可以将客户的这些不满明确化，从而引起客户的高度重视，以提高客户解决这类问题的紧迫性。

从客户的这些回答中，可以了解到客户的需求在哪里，从而使客户的满意度提高。比如，当你了解到客户对操作程序不太熟悉时，可通过介绍、示范、亲自操作等方式帮助客户尽快熟悉起来。

3. 主动承担责任

当客户的投诉得以确定时，要主动承担责任。如果这个时候你向客户撒谎，就属于一种欺骗行为，当客户弄清楚一切的时候，后悔就来不及了。记住，永远要把客户的利益放在第一位，产品出了问题不可怕，只要积极解决，同样可以获得客户的认可。

销售人员："先生，实在对不起，的确是我们的产品配方上有一些出入，不过您不用担心，我马上给您解决。"

4. 提供解决办法

发现了问题就要积极地去解决问题，在客户眼里，"只要你能为我解决实际问题，我就认可你"。销售人员要清楚地认识到这一点，在发现产品问题的那一刻，必须想一个周全的解决办法。即使自己无法解决，也要尽力协作客户去做。

销售人员："先生，您的产品出现的问题在我们服务范围之内，可以调换，也可以维修，您看更换哪一种呢?"

销售人员："如果您坚持调换的话，可以看看另一个型号。"

小贴士

对于客户投诉，出于对公司负责，对自己负责，对客户负责，你也应该认真听下去，这证明你是一个敢于面对和承担责任的人。这不但能让你找到问题的根源，还能让你及时解决问题。

客户要求退货，弄清情况再做决定

退货是三包服务中非常重要的一项，然而在实际中并非如此，对于大多数客户来讲，退货非常难。一方面是公司制度不完善，另一方面是销售人员逃避责任。常常看到这样的情景，当客户提出退货要求时大部分销售人员都会做出下列几类答复：

“怎么可能呢？买的时候不是好好的吗？”

“你去我们的服务部门反映，这不归我管。”

“严格按照说明书操作了吗？人为造成的可不在我们负责的范围之内。”

总之一句话，面对客户的退货要求，大部分销售人员在推卸责任。

某医疗器械专卖柜前，一位客户前来退货，他先前购买的是一台价值1200元的智能血压计，不到一个月后就出现了毛病。尽管维修过几次，但问题仍没有得到彻底的解决。于是这位客户强烈要求退货。

销售人员：“先生，对不起，您已经超过了包换期限，目前只能维修，不能退货。”

客户：“别提维修的事，我买的新产品一个月之内已经修过两次了，我不能花这么多钱买一个没用的产品吧。”

销售人员：“对不起，先生，真的不能退货。”

客户：“你们产品的质量差也就罢了，服务态度也这么差，今天无论如何也必须退货。否则，我会投诉你们。”

销售人员为什么害怕客户的退货要求呢？因为要求退货的人很多，如果全部接受可能给公司带来损失，甚至还要承担责任。而如果不接受呢？就会遭到客户的投诉，这样一来损失的不仅是利益，更重要的是失去回头客。因此，绝大部分销售人员对于上门退货的客户是退避三舍，唯恐带来不必要的麻烦。

退货不可避免，遇到这种情况，正是考验销售人员应变能力和处理突发事件能力的时候。我认为，遇到客户要求退货不要紧张，只要处理得好，不但可争取客户谅解，让客户满意而归，还可以挽回损失，树立企业形象。

遇到要求退货的客户千万不要习惯性地回避，而是要积极应对，力争找到最圆满的方案来解决。一般来讲，需要分三步走：

第一步，端正心态，赔礼道歉。

客户坚决要求退货，无论是产品本身的问题，还是客户在使用过程中所致，不管客户要求退货的原因是什么，作为销售人员首先在服务态度上不能出现问题。产品的质量、性能问题都是客观存在的，并不可怕，也完全在个人的解决范畴之内。可怕的是销售人员不能正视这个问题，当客户来退货的时候，态度恶劣，这势必激起客户更大的不满。遇到这种情况，正确的做法是先表示歉意，并保持平和的心态，稳定客户情绪。

第二步，耐心倾听，弄清情况。

有时候，听比说重要，当客户满腔怒火，找上门来要求退货时销售人员应该耐心倾听，及时地了解客户，发现客户存在的问题，从而有针对性地解决。

比如，客户说："你们产品质量不好也就罢了，服务质量也跟不上，机器出现问题，也没专业人员来维修。即使修好了过几天又坏，今天我必须退货。"

你可以这样说："对不起，由于我们工作失误给您造成了诸多不便，请您说说具体情况吧？"

第三步，调查分析，明确责任。

客户来退货，遇到这种情况既不能盲目埋怨客户，也不能大包大揽，把所有的问题自己扛下来。而是要根据实际情况，认真分析，明确职责。弄清楚到底是谁的问题，如果是你自己的问题，一定要负责到底，或退货，或调换。如果是客户的问题，要明确地告诉对方，真心地为客户提供帮助。

销售人员："我们的疏忽给您造成了诸多不便还望谅解，我们马上帮助您解决这个问题。”

销售人员：“这个问题可能是您操作不当造成的，不过这不是什么大问题，我为您亲自示范一遍，以后按照这个步骤操作就可以了。”

小贴士

销售人员面对客户的退货要求不能盲目拒绝，而应本着负责任的态度，先调查分析，而后提出正确的处理方案，彻底将问题处理好。这对公司、对客户都是有利的。

提升服务品质的方法，提高客户的满意度

每个客户每天都会面对各种各样的推销，这些推销中有高质量的，也有比较差的。决定推销质量的往往是服务质量，谁的服务更好，客户就会倾向于谁的产品，从某种程度上讲，高质量的服务是客户是否选择该产品重要的衡量标准。

因此，销售人员要想让客户对自己、对产品满意，就必须提升服务品质，提供超越他们期望的售后服务。

“沃尔沃”汽车曾被称为“最安全的汽车”，冲着这名头，李女士在当地沃尔沃4S店买了一辆XC60。可不到一个月汽车就出问题。当时负责销售的业务员小王全面负责这件事情。

一天，李女士驾车行驶在高速公路，行驶不到500公里就熄火了，待她再次发动，没走多远又熄火。不到2000公里就熄火了三次，还险些出车祸。李女士非常恼火，于是，她向小王反映了此问题。小王也向4S店的技术部门反映了此问题。

这家4S店工作人员接到投诉之后，虽然采取了一些措施，但是仍然没有检查出任何毛病。每次就是让她试一次车，仅试车就跑了1700多公里。除了里程表上的数字直线上升外，汽车的故障却一点也查不出来。可

能是试车过多，又出现了发动机抖动、排气管冒黑烟等一系列的问题。更为恼火的是，汽车放进4S店20多天，故障仍然没有修好。

这给李女士带来巨大的经济和精神损失，由于李女士家离4S店比较远，她不但每天要就近吃住，还耽误了大量的工作。她多次打售后服务电话要求尽快处理，但得到的答复总是："汽车的问题只能通过网络反馈到技术部，故障还得由他们来排除，我们正在加急给你处理。"

买车是件开心的事，开着心爱的汽车出行时，那种愉悦的心情更是无以言表，没想到遇到这种情况，李女士非常气愤。

例子中，仅仅一个小小的熄火问题竟查了20多天，还没有找出原因，这不禁令客户产生了质疑。这已经不仅仅是技术水平问题，而是相关人员的责任心问题，不负责任的销售人员、客服人员如何能为客户提供更好的服务。

服务问题长期得不到解决，不仅给客户带来诸多不便，还会影响到自己的业绩。那么，如何来提升服务的品质？一般来讲可以从以下几种方法入手：

1. 更新服务观念，为客户提供超值服务

有人问："客户为什么都愿意从您这里买东西？"我的回答是："我不但为他们提供产品，而且提供各种与之相关的服务，这些服务会令客户更加满意。"

作为销售人员，必须树立这样一种观念：即如果不为客户提供相应的服务，就会落后于他人。而对于客户来讲只有得到超值的服务，才有可能保持对你的满意度不下降。

2. 端正态度，始终坚持以客户为本

以客户为本，是销售人员不断提升服务品质的关键，其核心是"想客户之所想，急客户之所急"。

要做到这一点，就要站在客户的立场上设身处地地想问题、做事情，全心全意地为客户着想。以诚心实意、无微不至的体贴和关怀打动客户，真诚地关心每位客户，使客户得到情感上的满足。

3. 管理客户档案

建立客户档案是完善售后服务的有效手段，销售人员必须意识到这项工作的重要性，将客户按照一定的标准分类，建立一套科学合理的客户档案。以便在使用过程中能快速查阅，了解哪类客户喜欢哪类产品；了解客户的其他个人信息，为维持双方关系和长久合作提供有利条件。

4. 保持好与客户的关系

当今保持与客户的关系的方式越来越多，比如电话、短信、电邮、书信等，销售人员可以利用的与客户联络的手段多种多样，这些方式都是为了巩固与客户的关系。这可以使得在市场景气时，随时可以将生意推向高潮，创造最佳业绩；在市场萧条时，也能够维持原有的销售状况。有经验的销售人员都会设法通过各种方式与客户经常保持联系。

5. 丰富服务方式，实现方式的多样化

客户的年龄、性别、职业、文化教育程度以及消费水平存在差异，对服务的要求也不同，面对形形色色的客户，我们要细心观察，有针对性地提供服务。

实行优质服务的方法也很重要，即以什么样的形式向客户提供服务。针对不同类别的客户要注意个性化，将服务质量与个性化进行有机结合。根据客户的实际情况、心理需求，公平、公正、公开地提供每一项服务。同时要坚持向优质客户、中小客户倾斜的原则，充分提供个性化的服务。

小贴士

提高服务质量是做好客服工作的关键，需要树立正确的服务理念、坚持良好的服务态度、提供别具匠心的特色服务等，综合各种手段来满足客户的多样化的需求，提高客户对产品的满意度。

话术禁忌，避讳语带着暗示说

销售中有很多忌讳的话语，比如，过于业余的语言、不尊重的语言等。说错话比不说话更可怕，因此销售人员在与客户沟通时需要十分谨慎，三思而后行，哪些话该说，哪些话不该说，要时刻管好自己的嘴，否则稍有不慎就有可能半途而废，前功尽弃。

慎用专业术语，面对新客户尽量口语化

以前我讲到为体现销售人员自身的职业性，在与客户交流时最好使用专业性较强的语言。在这里，需要指出的是，专业性语言并不等于专业术语，前者是指，说话要规范用语；后者指的是，在产品推销过程中经常用到的一些专业名词、技术性词等，两者之间存在很大的差别，慎用专业术语并不等于不规范用语，不要混为一谈。

企业对销售人员进行产品知识的培训，讲师在课堂上会讲解很多专业知识，尤其是一些对产品进行描述的资料，专业术语较多，对于普通消费者而言更难以理解。这些专业术语对销售人员来讲也许很容易理解，但是对于外行的客户来说，如果平时很少接触，理解起来就会困难重重，而有些销售人员在推销时喜欢将这些话直接转述给客户，这也是业绩不佳的原因之一。我们来看

一个事例：

某健身器材销售店内，一位推销员正在向客户介绍按摩器。

“这款型号为KSR945-蒙娜丽莎的按摩器，美国凯仕乐生产，上面有液晶背光大显示屏，操作方便，后面座位、脚架都安装了全自动振动器，这利用了世界上先进的自动调节技术，能最大限度地对背部、腿部进行刺激，大大增加缓解疲劳，加快全身血液流动的效果。先生，您认为怎么样呢？”

客户：“我在这方面一无所知，这套设备功能虽然齐全，但看起来操作起来难度较大，我还是再考虑考虑吧。”

店内的另一位推销员也正在向客户介绍产品：

推销员：“先生，您对我们的产品了解多少呢？”

客户：“我在这方面一无所知，看起来操作难度较大啊。”

“其实并没有你想象的那么难，您看，这套设备所有的功能全是自动化的，只要您按照说明书上的步骤操作一遍就能学会，我们来试一试吧。”

说着，拿出说明书，与客户一起操作起来，客户很快进入了状态。

显然，上述两位推销员的推销效果大不一样，为什么会出现如此大的差距呢？问题并不在于谁比谁掌握的专业知识多，而完全在于两人呈现给客户的东西不一样。第一位推销员照本宣科，相当于直接把说明书“背诵”一遍，尽管传递的信息很详细，但客户接受的并不多；而第二位推销员，则巧妙地将说明书上生涩的专业术语，转换成通俗易懂的语言传递给客户，并运用亲自示范法让客户亲身感受，瞬间就给客户留下了深刻的印象。

对比分析可以得出，在面对新客户、普通消费者时，销售人员不可过多地使用书面化语言，而是要尽量避免生僻词句，转换成通俗易懂、直白的语言。那么，对于销售人员来说，如何最大限度地规避专业术语呢？

1. 词语转化

由于大部分客户没有销售人员那么专业，对产品了解甚少，在遇到一些专业性较强的词句时，理解起来比较困难。因此，销售人员需要把这些令人费解的、生涩的词语，转换成通俗易懂的口语。只有这样，才能让客户准确理解其中的含义，并及时地做出反应。

比如，外贸术语中的逆差、顺差，你可以直接转化为出口额大于进口额，出口额小于进口额；会计术语中，新交易转化为新账，未决账转化为老账，等等。

2. 利用举例和图解

对于一些不容易描述的词语，最有效的办法就是找好替代物来代替，比如，利用举例子、数字、图标的形式来表示，这要远比枯燥无味的讲解有效得多。

比如，介绍一款结构复杂的机器设备，你可以这样说："先生，关于设备的配件问题，我可以向你提供一份图纸，资料明确地画出了设备构造……"

这要比直接说："先生，关于设备的配件问题你不用担心，我们这款机器运用了 iU22/iE33 的原理……"效果好得多。相比较而言，第一种介绍方法更容易令人理解。

3. 引导客户亲自操作

对于操作性比较强的产品，要积极引导客户亲自操作，亲自提样，只有感同身受才更容易接受，让客户更真实、近距离地去感受产品带来的好处。否则，有时候只凭你的解说对方很难搞明白，这样做即使客户没有完全了解操作字面上的含义，也可以轻松地记住操作流程。比如，客户提道："你提到操作问题还真麻烦，以前我就经常出现操作失误。"

销售人员："先生，可能是我的解释让你听起来有些困难，这样吧，我一边说，您亲自来操作，只要您操作一遍就全明白了。"

总之，在向客户介绍产品的时候，尽量不要用一些太深奥的专业术语，否则，满口新名词，即使用得准确，也是不大好的，反而会让客户误以为你有意在他面前炫耀你的才学。除非对方和你在讨论一个学术上的问题，或者在某种非用不可情境中，正常来讲，尽量慎用术语。

小贴士

自己尚是一知半解却喜欢在客户面前显摆，这是很多销售人员接受培训后常犯的一个错误。专业术语只体现在内部交流上，而对于普通消费者来讲最好还是使用口语化较强的语言，这样更有利于客户理解你的话。

言多必失，涉及客户隐私要回避

很多销售人员有一个非常不好的习惯，即口无遮拦、肆无忌惮地谈论客户避讳的话题，客户早已听得不耐烦，结果自己还全然不知。这样的推销遭到拒绝是必然的，遇到不客气的客户直接轰你出门也不为过。

每个人都不喜欢别人谈及自己的隐私，这是人际交往中的大忌。历史上有个趣闻：朱元璋出身低贱，贫寒不堪，曾与一群小混混讨饭度日。做了皇帝之后，这些昔日旧友成了不愿提及的隐私，最忌讳有人再提当年的这件事情，认为当年的旧事有损于自己皇帝的威严，于是他尽量不见那些曾经同甘共苦的朋友。

一次，一位朋友到京城投靠他，希望封个一官半职。朱元璋拒而不见，后来碍于面子就让他进宫面见。孰料，这位老兄刚一见面，便大嚷大叫起来："朱老四，你当了皇帝可真威风呀！你还认得我吗？当年咱俩一块偷豆子，用破瓦罐煮着吃，还没熟你就先抢起来，结果把瓦罐打了，豆子撒了一地。你吃得太急了，豆子都卡在了喉咙里，还是我帮你扣出来的……"

当着文武百官的面，朱元璋感觉很没面子，几次暗示他不要再讲下去了，可他始终没察觉到，唠叨个没完。听着老友喋喋不休，朱元璋心底的火气也蹿了上来。心想此人也太不识趣，居然当着文武百官的面讲我这些丑事，揭我的短处，让我这个皇帝的脸往哪搁，盛怒之下，朱元璋下令将其杀害。

伴君如伴虎，君臣之间任何时候都无法推心置腹地谈话。同样的道理，与客户谈论也不是什么事情都可以说，虽然不比君臣谈话那般险恶，可俗话说，言多必失，当你侃侃而谈、口若悬河时必然会犯一些致命的错误。

某推销员上门推销，即将拜访的客户是一位六十岁左右的老先生，他事先了解到，这位客户是某国税局的退休干部，退下来以后一直赋闲在家。为了避免见面后的尴尬，他一走进门就表现得非常热情，冲上去与对方握手，而且握得很紧，上下摇晃，对方刚挣脱他又忙着递烟。对方连忙拒绝，向他点头致意问好。

（这位销售人员一开始就犯了大忌，他不知道对方非常重视健康，从不抽烟。正因为重视健康，才有了下面的对话。）

当客户了解到对方是推销保健品时便产生了一丝兴趣："多少钱？"

销售人员："300 元到 500 元不等，这就看你的需求了。"

客户："很贵啊。"

销售人员："大爷，您现在已经退休了，应该好好地安享晚年了，每月那么多退休金放着也是放着，现在每月也有大几千吧，不如用来补养一下身体？"

这句话彻底惹怒了客户，对方强忍着怒火对他说："这么多年来都养成习惯了，每天早上都出去锻炼，我也不需要什么保健品。"说着就把推销员往外推。

这位推销员正想说些什么，已经被请出了门外……

上述例子中这位销售人员有两点很失礼，第一，在不知道对方是否有抽烟习惯时随便递烟；第二，随便对对方的收入给予评价。这个例子表明了说话的重要性，作为销售人员平时就要多了解，知道什么该说，什么不该说，什么时候该说什么话。如果心里没谱，想到什么就说什么，不知道哪句话就伤害到客户。尤其是涉及客户家庭、收入、年龄等比较私密的东西，最好避免谈论。如果对方不在意这些，也要经过对方的默许。

那么，面对客户，哪些话题是永远不能谈论的雷区呢？

1. 收入问题

喜欢谈论别人的收入问题，是销售人员最常犯的一种错误，比如，“您是公司的高管，每月薪水不少吧”，“现在老师这个职业不错啊，薪水年年涨”，等等。还有的人在打探别人之前，喜欢先亮出自己（其实这样做价值也不大，主动亮牌的往往没好牌），比如直接问对方：“我这月工资是多少多少，奖金是多少多少，你呢?”

类似的问法都是极其愚蠢的，也许你会这么想，我这是侧面了解客户的购买力，但是试想一下，客户会告诉你事实吗？答案是不会，而且永远不会。如果对方比你钱多，他会假装同情，心里却暗自得意。如果他没你多，表面上可能是一脸羡慕，私底下往往不服，这时候你就该小心了，对方很有可能选择直接拒绝。

2. 婚姻状况

婚姻状况虽然不是绝对隐私，但是特定的情况下大部分人仍不愿意谈起，比如，面对陌生人，在公众场合。如果你与对方的关系没有发展到一定的程度，或者在不合适的场合，最好不要谈论对方的家庭，如果对方的家人在场，可以简单地问候，但记住只是简单的问候，且不可过多纠缠。

值得注意的是，如果对方的婚姻不幸福，一定不要涉及这个话题，即便想去安慰也不要这样做。

3. 女人年龄问题

如果你面对的是男人、老人，年龄问题并不是什么忌讳的话题，但如果是年轻女性最好不要去谈论。对于年轻女人来说，心中时刻装着三个敏感话题：年龄、相貌、身材。相貌和身材都在可视范围之内，只有年龄是可以藏得住的，因此，任何时候她们都不喜欢谈论自己的年龄，甚至关于年龄的话题一律不谈。

隐私是一种个人的收藏品，每个人都有自己的隐私，对方不愿意提及的事情，比如，恋爱的破裂、夫妻的纠纷、事业的失败、生活的挫折、成长中的尴尬……绝对不要涉及。此外，还有一些话题介于“隐私”与“非隐私”之间，我们并不能把它单纯地定为哪一类。这就需要销售人员随机应变，因地、因人去灵活掌握。

小贴士

言多必失，很多话无意中就伤害到了对方的情感，这也在所难免，在如何避免谈论到对方的隐私上，最好的办法就是，最好不要过多地涉及产品以外的话题。俗话说“在商言商”，推销作为一项商务活动，任何谈话都要紧紧围绕产品展开。

学会尊重，避免直接指责客户

每个人都会犯错，有说错话、做错事的时候，如果你发现客户是这样的人，你会怎么做？是嗤之以鼻，指责对方，还是淡然处之，真诚地帮助对方，我想，选择前者的人会占大多数。任何人都会不可避免地犯错，面对这样的客户，销售人员不可直接批评或者指责。相反，要表示理解，尊重对方的想法、做法，尽最大的努力去帮助客户。

以前见过一位非常优秀的女孩，二十来岁，大学刚毕业就去做汽车销售，既没有经验，又没有令人眼前一亮的外表。很多人不看好她，因为像她这样的人，很多在这里都不会超过三个月。然而，几个月下来，她的业绩在同行中是最好的，在整个公司也是数一数二的。

很多人都开始羡慕她，纷纷向她取经，询问为什么会做得如此好。这时，她总是告诉他们一句话：“我卖的不是车，而是尊重。”

她是这么想的，也是怎么做的，每当听到客户提一些外行问题时，每当看到客户搞错基本的业务流程时，她总是对客户说：“您尽管说，我们共同来解决。”这句话瞬间就会让客户感到温暖，心里的抵触情绪荡然无存。

上述例子中这位销售人员取得成功最大的原因就是，对每一个客户都非常尊重。即使客户故意刁难，她都没有直接指责，而是以一颗宽容的心去对待，去感化。指责、奚落、嘲讽都是负面的言语，在推销过程中，你如果把这些负面的东西传递给客户，只能引起对方的反感。作为销售人员，无论什么时候都要把客户利益放在第一位，尊重客户的感受，即使客户有过错，也要有足够的理解和宽容。用自己的宽容大度、善解人意，去化解很多不必要的矛盾和冲突。

一个懂得尊重客户的人，才能得到客户的尊重，人与人之间就是一个相互感染的过程，当你以鼓舞性的语言、积极的情绪去感化客户时，对方也会对你产生认可、信任。那么，我们怎么做才能表示对客户的尊重呢？最起码要做到以下三点：

1. 接纳客户不同的观点

人往往无法接受与自己相反的观点，而作为销售人员必须能接受这些，因为每天要面对不同类型的客户。不同的客户有各种各样的观点，如果您能接受他们这些观点，就相当于表明自己的一个态度："我是尊重你们的。"当对方在心理上被认可以后，你再提出自己的观点时，被接受起来就会容易得多。相反，如果你固执地坚持己见，排斥客户的任何观点，首先在心理上就产生了对立，接下来的推销更加举步维艰。

2. 尊重客户提出的异议

在向客户推销过程中客户往往会提出自己的意见，比如，对方认为你的产品质量不合格，也许没有确凿的依据，也许不符合事实。但是只要对方持有异议，我们就不能直接去否定，这个时候应该以开放的态度，允许对方把话说完。其实，客户的异议对你来说也并不是一点好处没有。试想，如果对方把自己的不快和异议藏在心里，不表现出来，就像一颗炸弹，说不定什么时候就会爆炸，反而对你是有害的。在了解的基础上，再找机会引导他们做出正确的认识。

3. 本着“求同存异”的原则解决问题

如果双方永远有争议，并不意味着无法真正达成一致。如果本着“求同存异”的原则去解决问题，很有可能迎来转机。为什么这样说呢？这是因为客户的需求往往是集中在产品的某个点上，而销售人员往往着眼于产品的整体。客户不认某一个点，并不意味对产品全盘否定，销售人员可利用产品的其他优势来改变客户对产品的片面看法，从而做到求同存异。

小贴士

指责客户是对客户最大的不尊重，无论对错都容易使对方出现对抗情绪。所以，在与客户沟通时销售人员不要随便指责客户，而应该以最大的热情、宽阔的胸怀去包容、去理解，求同存异达成一致。

不逞口舌之强，赢了争辩输了订单

很多销售人员入行时间不长，经验不足，常常会与客户就某一问题争得面红脖子粗，貌似“占了上风”，但一笔业务也就这么告吹了，这种争吵没有任何意义。的确，随着推销的展开，双方会产生一些分歧，但是一定要避免发生一些不必要的争吵。无谓的争辩，有百害而无一利，不但会影响到客户的情绪，而且还会影响到自己以及公司的声誉。

小柯是个十分较真的人，在日常生活中遇到什么问题都爱与人争辩，熟悉他的人当笑话也就过去了。一次，他去拜访客户刘先生却出现了这样的一幕：

他拜访的这位客户是保险的忠实用户，可对方很早以前就与另一家公司合作了。所以，当对方得知小柯推销的产品时便毫不客气地拒绝了：“我与××已经签订了长期合作协议，除了这家公司，我不再购买其他任何产品。”

小柯听到客户拒绝的态度如此坚决，很失望，用略带嘲讽的语气问道："刘先生，您觉得该公司的产品确实值得您信赖吗？"

"当然！"

"那么您作为他的老客户，是否听说过该公司欺诈客户多次被曝光。"

刘先生听到此，便饶有兴趣地说："这个倒是听说过，不过他们后期工作做得很到位，已经得到妥善处理。"

"刘先生，我认为作为一个公司不应该出现这样的事情。就拿我们公司来说……"紧接着，小柯列举很多冠冕堂皇的例子，最终证实对方是不值得信赖的。

客户："您的意思是，我应该马上停止与对方的合作？"

小柯："我相信你能做出聪明的选择。"

客户："那我明确告诉你，我仍然信任××公司。"客户很坚决地说。

直到最后，小柯都没有想明白自己错在什么地方。

在我们周围像小柯这样的销售人员比比皆是，在日常生活中这样的"争强好胜"也许无所谓，然而，在面对客户时可全然不同了，在推销中一切无谓的争辩都是多余的，无论争辩的结果是赢还是输，对于推销一点意义都没有。

如果赢了，对方被驳斥的千疮百孔，会觉得很没面子，同样不愿意与你做生意；如果输了，你也就彻底失去这笔生意。所以，无论输赢都没有必要进行这场"争辩"。

我认为，在与客户争辩之前一定要考虑清楚三个问题：

1. 你的争辩欲望更多的是基于理智还是情感原因

有些人的争辩完全是出于失去情感控制所致，比如虚荣心、表现欲望、死要面子。如果是情感原因大可就此打住。同样，我们向客户提出的问题是否掺杂着情感因素？如有，就同争辩的实质——探求真理背道而驰了。所以最好别去做这种无谓的牺牲，而把推销变成没有意义的辩论会。

2. 最终争辩获胜有什么样的意义

无论发生什么样的争辩都是为了最终的推销能顺利进行，通过争论使自己和对方都能受到启发和教育，如果没有这方面的积极意义，大可不必动用“唇枪舌剑”。同样，别人向你提出“挑战”也一定要在心里衡量一下是否符合这个标准，不符合的话则可一笑置之，没必要在这些无关紧要的琐事上做文章。

3. 对方是否充满敌意

他对你有深刻成见吗？如果你处于这样一种心境，绝对不要向对方提出论题辩论，不要再火上浇油。在这种非理性的氛围中你很难提出理性的论点，争辩一开始就注定要失败。

这三个问题是决定你的争辩是否有意义的标准，如果三个问题的答案都不利于自己，那么最好放弃一切争辩。否则，稍有不慎就会毁掉你与客户辛辛苦苦建立起来的关系。鉴于此，销售人员在与客户交流时应尽量减少起争端的机会，说话要谨慎，尤其是不该说的话千万不要说。

> **小贴士**
>
> 在推销中可以据理力争但要避免与客户发生无谓的争辩，争辩会让人越来越被动。无论与任何客户交流沟通，只要记住“永远不要想着占上风”这一点，就可以获得对方最起码的认可。

恶语伤人，语言攻击不可取

很多销售人员与客户交流时常以强者自居，通常采用质问、审讯、威胁、逼迫的口气。似乎是在逼迫客户购买，这是不懂礼貌的表现，是不尊重人的反映，不但会引起客户的反感，还可能会伤害客户的自尊心。

马俊是一名汽车推销员，一天，他看到一对男女走进汽车销售处，另一名销售人员杨凌看到后对马俊说："你去招呼那两个人，我不想去，一看他们就不像买车的！他跟他老婆一起来，这是个不好的征兆。"

说话的同时，客户已经走进了销售大厅，马俊热情地招呼这两位客户，并带他们参观了好几个款式的车，客户都表现得不怎么满意。马俊正准备深入了解，杨凌拉了一下马俊的手说："不必那么认真，一看他们，就知道只是来打听行情，购买的可能性非常小。"并直接走到客户跟前，"难道您都不满意吗？依我看，你们根本没有购买的打算。"

客户："小伙子，你怎么能这么说话？告诉你我可以投诉你。"

杨凌："如果你觉得我们不够专业、不够热情，你可以投诉啊。"

客户："小伙子，作为服务人员要有一点包容心。"

杨凌："我每天都包容很多客户，没有带给别人什么不好的情绪，只是就事论事。不说别的，就拿此事来说，您始终持有一种强势的态度，为什么总是不满意？"

客户："我建议你反思一下自己说的话，看看自己是以什么态度在和客户沟通。"

说完，客户就气呼呼地离开了。

杨凌还在后面说："好了，我这边来客户了，不能跟您聊下去了，不好意思了。"

马俊拉了一下杨凌的衣服说："你怎么能这样跟客户说话？"

杨凌瞟了一眼，然后说："你看这个骗子，他连件体面的外套也买不起，还买车？"

销售人员在向客户推销的时候，受到客户的刁难，责备是不可避免的。然而，有些销售人员面对客户的恶意，往往以眼还眼，以牙还牙，恨不得把心中愤怒全部宣泄出来，把客户驳倒。这是非常不可取的，要知道，与客户对着干只能让你们的谈话变成拉锯战，你来我往，缠斗不休。

有很多销售人员就是这样的，自身有很多不良的习惯，如不专业、感觉迟钝、捏造事实、口是心非以及诈骗等。只要客户有一点异议，就表现得极不耐烦，不是批评这位客户的头发太长，就是埋怨那位客户古板。在这些销售人员心目中，绝大部分客户都不是有希望成交的潜在客户。殊不知，这样只会适得其反，正是这样的心态毁了自己，客户被驳倒了，订单也丢了。

1. 把握分寸

销售人员在介绍产品的功能、价值、质量时，用语要掌握分寸，避免过度夸大。任何话说过了头，都会起到相反的作用，营销员只有掌握语言的分寸，才能使表达更加真实，从而才能使客户产生信任感。语言过于直白，缺乏感染力，过于夸张，容易产生逆反心理，在直白与夸张之间掌握一个度，就是语言的分寸艺术。

也就是说，一旦找到了关键，说服客户的几率是相当大的。

2. 别抢话，别插话

每当你急于表明自己的观点时，要准确判断时机。如果客户正在讲话，千万不可贸然去打断。如果你插话了，你就会给对方以这样的印象：你觉得她的话不值一听。这时，你可以默默记下将要表达的主要内容或者是关键词语，保证不至于忘记自己的观点，以便在适当的时机畅所欲言。

3. 选择敬语

不同的措辞能表达出一个人不同的态度，销售人员在与客户交流时，为充分地表达自己尊重之意，在用词上必须多多注意，俗话说“说者无心，听者有意”，双方在交流过程中，经常会出现词不达意、表达不一致的情况。对于用词不当，说话的一方或许觉得无所谓，但另一方却在无形中受到了伤害。为了让客户感觉到自己时刻被尊重、被重视，可以多使用一些积极的、带有尊重意味的词语。比如，“非常感谢您的耐心等待”，久仰、敬仰、恭敬、敬重、敬爱、崇敬，等等。

4. 调整表达方式

作为一名销售人员，需要与各种各样的客户打交道，如果只使用同一种方式来表达，很容易陷入被动。

小贴士

在与客户打交道的过程中双方难免会产生分歧，有分歧之后作为销售人员应避免对对方进行语言攻击。坚决不可使用“否定性”语言、“批评性”语言、“攻击性”语言。因为这样会加深客户对你的抱怨，甚至是攻击，从而造成直接拒绝。

揭人不揭短，不要戳破客户的谎言

很多人都以能戳穿别人的谎言而自豪，认为自己有能耐。其实这不过是小聪明而已，绝非大智慧。情场高手李敖大师曾讲：“千万别去戳穿情人的谎言。”商场上，客户的谎言也不能戳穿。

我们在与客户沟通时，如果发现对方说了谎，无论这些谎言是善意的还是恶意的，自己心里知道就行了，千万不要去戳穿它，埋怨对方这也不对、那也不对。毕竟双方的交易还要进行，无论对方说什么，都要以同样的态度去面对。

这种情况我经常遇到，学员也经常向我反映。本已与客户进行了充分、有效的沟通，“以传真或邮寄的方式签合同”。这时候他们会提出：“最后现场签。”即便再三解释，就是不同意，坚持要我派人上门签合同。

到后才发现，客户根本没有签的意愿，仅仅是为了让我露一下面，说白了就是继续探一下我的底儿。对我来讲这就是欺骗，这就是谎言，不仅浪费了大量宝贵的时间、往返路费，还没有搞定客户。

有了经验之后，再碰到类似的客户，我制定了三点对策：

其一，坚决要求对方先签合同，再上门拜访。

其二，针对大客户直接上门拜访，没有必要轻信客户的这种“善意的谎言”。

其三，针对即将签约的客户，可以上门拜访，实施“临门一脚”，但是在上门拜访之前，要充分评估拜访的成效性，不能相信客户提出的“到了就签合同”这种话语。

从这个例子中可以看出，绝大部分客户说谎都具有很强的目的性，这样做一定是想从中获得什么。所以，当发现客户撒谎时试图去戳穿是没用的，当你毫不留情、一针见血地解开客户撒谎的面纱之后，这笔交易将永远无法进行下去。正确的做法是，利用谈话技巧、沟通艺术积极化解，寻求一致，达成交易。

康德曾经说过：“对男人来讲，最大的侮辱莫过于说他愚蠢；对女人来说，最大的侮辱莫过于说她丑陋。”人性都有虚伪的一面，都忌讳别人揭穿自己。当发现客户在说谎时，销售人员可以这样做：

1. 找出客户撒谎的原因

当客户撒谎时，可能是对产品有异议或不满，可能是想了解到我们的底价，或者计划在未来某段时间段内购买我们的产品。总之，对方说谎一定是有目的的，我们应该把重点工作放在搞清楚客户为什么这样说，这样说的真正原因，然后针对这些原因寻找更好的解决办法。

2. 鼓励客户说出真相

与其让客户隐藏心中的不快和异议，不如让他们痛快地说出来。对于客户的不满销售人员不应该回避，相反要试图引导客户，鼓励他们说出来。因为只有这样客户才会感觉自己受到了重视，而对于你来说也可以充分了解客户心中真正的想法，这对接下来的销售是极为有利的。

3. 找出解决办法，谎言不攻自破

使谎言不攻自破的最佳方法就是，找出解决的方法，下面是客户常见的几种谎言以及解决办法：

（1）谎言一：“我们买不起”

撒谎动机：你的产品所解决的问题不值这些预算。

回应方式：收集对方资金目前重点使用的区域以及原因，重新定位自己产品以及其提供的价值，以使它比目前资金所使用对象的预算项目具有更高的优先级。

（2）谎言二：“××（竞争对手）报价更便宜”、“××（竞争对手）对我们一直有折扣”

撒谎动机：压低价格。

回应方式：就像竞争对手真的更便宜时你会做的那样。定位自己的产品，对比分析，向客户阐明与自己合作，比与竞争对手合作能带来的更高价值。

（3）谎言三：“我没有决定权”、“我不是决策者”

撒谎动机：想掩盖在没有和其他人商议的情况下，他确实不能做决定这一事实。

回应方式：通过谈话询问具体对方的基本情况，搞清楚影响决策的利益相关人。

（4）谎言四：“我会看你们的资料”、“我会看这份宣传手册”

撒谎动机：要么是想把你赶走，要么是他们人真的很好，但主动会看推销员的产品资料和宣传手册的客户几乎没有。

回应方式：停止对宣传资料、宣传册的依赖，除非将之作为公司宣传的实际证明而必须使用。

（5）谎言五：“今天很忙，改天有空我再和你联系”、“有时间我会主动跟你联系”

谎言动机：当客户说出这种话时，仅仅出于一种礼貌。

回应方式：这种情况下，作为销售人员我们只有积极、主动与客户联系，守株待兔，等着客户给我们来电话永远不可能。

（6）谎言六：“只要价格合适，我们马上就签合同”

谎言动机：说这种话的客户仅是了解一下我们的底价，仅此而已，不要指望他们会马上签合同。

回应方式：先报一个比较正常的价格，甚至只要保持正常的沟通和联系即可，不要急于求成。

小贴士

说谎，的确是一种不良的习惯，如果人人都说谎就没有了信任。但是在处理客户的谎言时则需要万分谨慎，无关紧要的谎言不可当场戳穿。否则，即使一句不经意的话也许就能深深伤害到对方。

形成互动，多一些互动少一些独白

经常会遇到这样一种尴尬的情况：有的销售人员滔滔不绝地讲了半天，客户却毫无反应。尽管介绍得非常详细，从外观到功能，从价格到售后服务，但仍然无法打动客户，甚至会让客户产生一种被“强迫”的感觉。

推销，不是销售人员的独白，而是与客户双向互动的过程。在这个过程中必须有一个良好的互动，以使信息有效地传递。只有在这种状态下，你的产品和客户需求才能像两个齿轮一样实现紧密地配合。

小辉是某商贸公司的推销员，主要负责办公设备用品的推销。在一次展销会上，他与另一位同事共同负责某品牌产品。

中午时分，一位中年男子来到展台前，细细地端详着一台设备，这时同事刚好离开。小辉只好独自给客户讲解起来：“先生您好，您对这款机器感兴趣？”

客户：“是的。”

“那好，我来向您介绍一下，这款机器是新推出的一款高效多功能办公设备，可用于打印、复印、传真。具有30页自动输稿器，快捷前部操作，静音模式……”一口气滔滔不绝地讲解了十多分钟。

客户时而看看产品，时而看看周围别的产品，仿佛是一个局外人。最终，还是忍耐不住打断了他：“不好意思，小伙子，你说的这些我基本上都听不懂，我先到别处看看，谢谢。”

客户就这样离开了。

可以想象，像小辉这样介绍肯定会把客户吓跑，尽管很卖力，但像“背台词”似的，毫无令对方动情的部分，很难打动客户。小辉的失败之处在于，没有与客户形成互动，完完全全把产品介绍变成了一个人的“独白”。在滔滔不绝的介绍中，只是简单地罗列产品功能，根本不知道客户的需求在哪里。

产品的性能、功能、性价比是销售人员必须知道的，但是不能将这些直接搬上来与客户交流。从心理学上看，这反而会造成客户的反感，当客户没有需求时就不能一味地推销产品，否则，你介绍得越多，对方越反感。

这说明，销售人员在与客户沟通时没有形成互动，只管自己一味地讲解，丝毫不顾及客户的感受。要想尽快取得客户认可，说话必须与客户形成互动，与客户保持高度一致。

为使与客户达成有效的互动，建议销售人员在与客户交流时注意以下四点：

1. 注意倾听

沟通时，“听”和“说”是一个相互影响的过程，销售人员希望仅仅依靠自己的“说”来打动客户不可能的，还需要听对方怎么“说”。客户一旦产生购买欲望，就会通过语言渠道表现出来，要想更好地把握这些需求就必须集中注意力倾听，甚至要适当地引导客户多说，说听结合才能最大限度地实现互动交流。

2. 注重思考

销售人员在听客户说的过程中，一定要不断思考。大多数销售人员不注重听或者认为“听比说容易”，但事实上，听并不是那么简单，因为你不仅要听对方在说什么，同时还要认真总结，领会对方的心情和真正意图。认真听了，却没有理解对方的话就很难达到效果。

3. 有效提问

在对客户的话进行一定的思考分析之后，销售人员应该根据客户所遇到的问题有针对性地解答，保证对客户起到推动作用。这就要求销售人员在提问之前善于运用提问的技巧，通过提问，找到客户的真实需求，促使客户尽快购买。

4. 调动情绪

只有与客户互动起来，才能改变自己唱“独角戏”的状况，其实，每个销售人员都明白：要调动客户的情绪，首先要调动自己的情绪，充分与客户互动起来。但是有些销售人员由于没有掌握充分的谈话技巧，变成自己唱“独角戏”。

小贴士

很多推销员常常把推销变成自己的“独角戏”，只顾自己解说，完全剥夺了客户表达自己的想法的机会。推销是一个销售人员和客户互动的过程，只有互动起来才能达到最终目的。